U0594163

创新驱动背景下
制造业转型升级研究

钟小娜　著

地质出版社

·北　京·

图书在版编目（CIP）数据

创新驱动背景下制造业转型升级研究 / 钟小娜著.
— 北京：地质出版社，2018.5（2025.1 重印）
ISBN 978-7-116-11004-5

Ⅰ. ①创… Ⅱ. ①钟… Ⅲ. ①制造工业－产业结构升
级－研究－中国 Ⅳ. ①F426.4

中国版本图书馆 CIP 数据核字(2018)第 105151 号

责任编辑：王雪静　龚法忠
责任校对：王素荣
出版发行：地质出版社
社址邮编：北京市海淀区学院路 31 号，100083
传　　真：(010)66554577
印　　刷：北京地大彩印有限公司
开　　本：787mm×1092mm　¹/₁₆
印　　张：13.25
字　　数：210 千字
版　　次：2018 年 5 月北京第 1 版
印　　次：2025 年 1 月北京第 2 次印刷
定　　价：58.00 元
书　　号：ISBN978-7-116-11004-5

(如对本书有建议或意见，敬请致电本社；如本书有印装问题，本社负责调换)

前　言

自工业化以来，制造业一直是一国经济发展的重要支柱。经过 30 多年的改革与发展，我国逐步形成了以制造业为重要支撑的"世界工厂"。当前，"中国制造"已成为我国制造业的代名词。同时，我国制造业的发展也存在一些问题，部分产业泡沫化日益加剧，一些行业产能过剩问题十分突出。随着劳动力、资源、环境成本持续不断提高，我国制造业传统竞争优势严重弱化，旧有的单纯靠规模扩张的发展模式空间越来越小。在全球制造业发展新趋势和我国制造业竞争优势流失的双重压力下，加快我国制造业结构调整和发展方式转变，实现制造业由劳动密集型向资本技术密集型转变，在全球产业竞争中尽快实现从"组装者"向"整合者"和"创新者"的转变已迫在眉睫。党的十八大报告明确提出，要实施创新驱动战略，加快传统产业转型。按照党的十八届三中全会提出的全面深化改革的要求，未来，去除产业泡沫化，解决产能过剩，是建设资源节约型、环境友好型社会的重中之重。以创新驱动我国制造业转型，不仅是重塑我国制造业竞争优势、巩固提升我国制造业国际地位的必由之路，而且符合我国未来国家发展战略的要求，更适应了国际产业创新的历史潮流。

本书共分为七章，分别从不同的角度对创新驱动背景下制造业的转型升级进行了研究。其中，第一章为创新驱动与制造业，从全局的角度对创新驱动与制造业发展之间的关系进行了阐述，包括创新驱动力对制造业转型升级的作用机理，以及创新能力对于中国制造业发展的重要性等；第二章为技术创新驱动制造业转型升级，论述了制造业技术创新的路径，以及其对于制造业发展的重要推动作用；第三章为服务创新驱动制造业转型升级，从服务创新的角度对制造业的转型升级进行了论述；第四章为创新人才培养带动制造业创新，不仅论述了创新型人才对于制造业转型升级的重要意义，同时还提出了培养与开发制造业创新型人才的方法与途径；第五章为知识产权制度完善保障制造业创新，提出，要不断完善制造业的知识产权制度，以法律的形式保护制造业的产权利益，要借鉴国外成功的知识产权制度建设；第六章创新驱动背景下温州制造业转型升级，以温州制造业为实例，论述了温州制造业转型升级中遇到的困境与应对策略，为创新驱动下的制造业在转型升级提供了良好的借鉴；第七章结论与展望，讲述了对制造业现状的总结，以及对中国制造 2025 的美好展望。

　　本书研究成果依托以下项目：2016 年度温州市哲学社会规划课题——创新驱动背景下温州制造业转型升级路径与对策研究，课题编号：16wsk196。另外在编写作过程中参考了众多专家学者的研究成果，在此表示诚挚的感谢！

钟小娜

2018 年 3 月

目　录

第一章　创新驱动力与制造业

我国国民经济的发展，在很长时间以来都依靠的是制造业的支撑。在当前经济全球化的快速发展下，国内外的经济环境都发生了很大的变化，加快提高中国制造业的创新能力，是提高我国综合国力的一项重要措施。当前，在我国国民经济的发展中，制造业的发展仍然占据较大的位置。因此，为了全面提高我国工业经济的国际竞争力，必须要对我国制造业的发展有全面的了解。要充分把握当前我国制造业在发展中面临的困境，从根本上改变传统制造业的生产观念，以创新的观点看待制造业的发展，提高制造业的自主创新能力，主动解决制造业发展中出现的各种问题，避免走入发展的误区。要用创新的观点武装制造业的发展，走出一条具有中国特色的自主创新之路，全面提高我国制造业的国际竞争力。

第一节　创新驱动战略的提出与创新驱动力的解析

想要提高国家的综合国力，始终坚持发展才是关键。从本质上来说，就是要始终坚持科学发展。我国在制订长期的发展战略中，必须要始终坚持以科学发展观为指导，逐步转变经济发展方式，实现经济又好又快的发展。想要实现这一目标，就必须依靠科技与创新的力量，全面提高我国企业的自主创新能力，依靠科技的力量来实现经济发展方式的转变，依靠技术进步和高素质的劳动力来实现经济的发展。在经济发展的过程中，还要注重始终保证产品的质量和效益，实现经济的科学发展，在经济发展的时代浪潮中掌握发展的先机。

一、创新驱动战略的提出及内涵

应当明确的是，经济的发展具有一定的阶段性。对于不同的国家和地区来说，在经济发展的不同阶段，经济发展的驱动力和优势也是不同的。著名经济学家迈克尔·波特将国家优势的发展分为了四个阶段，即要素驱动阶段、投资驱动阶段、创新驱动阶段和财富驱动阶段。在创新驱动力的发展下，国家和地区的发展，不仅仅在依靠自身的丰富的资源、庞大的廉价劳动力或是巨大的资本投资，而是依靠科技进步和创新的能力来支撑企业的发展。在 20 世纪 80 年代之后，世界范围内的电子信息技术都获得了快速的发展，推动了国家经济的发展。创新驱动阶段开始逐渐取代要素驱动阶段、投资驱动阶段。

1998 年，创新驱动经济首次被定义，英国创新驱动型经济特别工作组在《英国创新驱动型经济报告》中，认为创新驱动经济是："那些从个人的创造力、技能和天分中获取发展动力的企业，以及那些通过知识产权的开发可创造潜在财富和就业机会的活动。"

对于我国的经济发展来说，所谓的创新驱动发展战略，就是要在国家发展全局部署中，始终从全球视野的角度出发，始终将科技创新作为发展的重点，坚持走中国特色社会主义道路，着力解决我国经济未来发展过程中面临的科学和技术问题。在新一轮科技革命到来的过程中，要抓住发展的先机，推动创新观念在全国范围内的发展，尽快推动我国经济的发展走上创新驱动的道路。

二、创新驱动发展战略的内在要求

（一）全面提高创新能力

创新驱动是由三个部分构成的，包括原始创新、集成创新和引进消化吸收再创新。这三个部分都发挥着重要的作用，不能忽视任何一个。在企业发展的过程中，不仅需要重视集成创新和引进消化吸收再创新，同时还要注重原始创新的重要意义。只有将三者有机结合起来，才能实现技术上的根本突破，摆脱科学和技术对我国经济发展的制约作用。

创新是针对我国长期技术引进和技术依赖提出的。其实质是要掌握发展的主导权和主动权，增大未来发展的选择空间，目标是要获得自主知识产权及其所带来的收益。提高我国的科技水平，增强创新能力，不能完全寄希望于引进。1978年，根据技术引进"六五方案"，我国曾掀起技术引进高潮，全年签订1230多项技术引进合同，总金额为78亿美元。由于超出了国民经济的承受能力，没有足够的外汇支付和技术消化能力，缺乏相应的配套技术，实际效果不够理想，被称为"洋跃进"。此后，又有"市场换技术"的科技发展战略。

1979年颁布的《中华人民共和国中外合资经营企业法》指出，外国合营者作为投资的技术和设备，必须确实是适合我国需要的先进技术和设备，将市场换技术的意图表达得非常明确。应该说，以市场换技术的道路有历史的必然性，对我国的产业发展、生产能力和生产技术水平的提高起了很大的推动作用。但随着时间的推移，这种发展方式的弊端日益显现。科学无国界，但技术总是服务于国家利益的。市场换技术，换来的不可能是最新技术、核心技术。在很多领域，市场让出去了，但核心的技术并没有换来。尤其是中国加入WTO之后，国内市场逐步开放，到现在已经成为一个相当开放的市场，跨国公司不需要用技术来交换也可以顺利进入。因此，创新必须立足于自己，大力提高原始创新能力。

然而，强调"自主"，不等于关起门一切都靠自己搞创新，完全排斥引进。站在人类优秀文明的基点上，站在世界科技发展的最前列，揽四方菁华，纳八面来风，积极引进国外先进技术，并进行充分地消化吸收和再创新，这是提高创新能力的重要途径。在第二次世界大战之后，日本和韩国的经济都获得了飞速发展，这与他们始终坚持对科学技术的引进以及消化吸收再创新有关。这使得日本在30年之内迅速发展成为世界第二大经济体，而韩国成为世界第五大科技创新强国也仅用了40年。在对技术的引进和消化吸收上，日本和韩国的比例保持在1：5～1：

8，而我国直到 2015 年对技术引进和消化吸收的比例也仅为 1：0.4，这中间的巨大差距，也是造成我国始终位于发展中国家的一个重要原因。从这里我们就可以看出，要想实现经济的快速发展，就必须对提高原始创新能力、集成创新能力和引进消化吸收再创新能力进行有机协调，将三者有机结合起来，才能从根本上解决我国经济发展的创新能力问题。

(二) 更加注重协同创新

实现创新驱动发展要注重协同创新，指的是要将不同创新主体之间的壁垒打破，将现有的创新资源和要素有机结合起来，充分激发人才、资金、信息、技术等因素的活力，实现各个因素的深度合作，不断提高创新效率和企业的收益。在这种发展模式下，可以全面提高企业的创新能力，在经济的发展过程中始终坚持以企业为主体，以市场为导向，并最终建立起产学研有机结合的全面技术创新体系。

应当注意的是，实现产学研的协同创新发展，需要注意以下两方面的内容：

第一，要始终坚持以企业为主体。企业在国民经济发展中起着重要作用，它是国民经济与市场发展的主体。只有企业才能明确并满足市场的需求，也只有企业才能对市场的发展做出灵敏的反应。此外，任何科学技术的诞生都需要企业的实践，被应用在生产和社会的发展中，为企业带来丰厚的利润，并最终为人类的进步做出贡献。在经过长期研究后发现，只有始终坚持市场的主导地位，才能坚持将创新作为发展的重点，全面汇集创新的有效要素，实现产学研的有机组合。

科学研究和技术创新虽然有内在联系，但它们是两个不同的概念。通俗地讲，科学研究的主要任务是发明和发现，并进而转化成技术。技术创新的主要任务是把技术变成钱。因此，技术创新主要依靠企业，依靠企业家，企业家是技术创新的领导者，产学研结合必须以企业为主体。

第二，产学研协同创新的实现必须要始终坚持以市场为导向。恩格斯有句名言："社会上一旦有技术上的需要，则这种需要就会比十所大学更能把科学推向前进"(马克思恩格斯全集，1972)。从本质上看，产学研是推动科技和经济实现结合的强大动力。推动产学研实现有机结合的目的，是要全面提高企业的创新能力，以此提高企业的效益。从整体上看，推动产学研实现有机组合的过程，实际上就是将现有的创新资源按照一定的目的重新进行整合，并最终实现资源优化配置的过程。实践证明，只有在市场经济条件下，资源才能实现最为优化的配置，其在对资源配置的过程中也发挥着无可替代的作用。当前，最为引人注意的产学研协同创新模式是长夜技术创新联盟，在今年的发展中获得了大力的推崇，在未来的进一步发展中，其必将会对我国产业技术创新能力的提升起到重要的作用。

（三）以全球视野谋划和推动创新之路

所谓创新，是企业在经过自身的长期努力，或是联合其他组织攻破技术上的难关，推动创新后续环节的完成，将技术与产品实现完美的结合，从而获得丰厚的商业利润，并最终达到预期发展目标的一种创新活动。通常情况下，一个国家的创新特征也会用创新来进行标示，指的是在不依赖引进外部技术情况下，一个国家凭借自身的力量来对技术进行开发，所进行的一系列的创新活动（傅家骥等，1998）。此观点容易产生误解，即将创新视为独立创新。随着世界经济的全球化和一体化，创新越来越开放，孤立的创新越来越少，更多的创新需要集成、需要合作。创新与技术引进是不矛盾的，技术引进、三资企业的创新都是创新的内容。当前，在经济全球化迅速发展的情况下，科技资源也实现了全球化的发展，发展中国家引进国外先进技术的渠道增多。这就使得我国在未来经济发展中，可以充分利用全球最先进的技术来支持国内生产的发展，提高本国的创新和生产能力（江小涓，2004）。因此，在未来的经济发展中，我国要始终坚持创新的开放性，坚持在自我发展的基础上始终联合创新机制，对全世界的资源和技术进行有机地整合。创新一定要以我为主，单纯依靠技术引进难以获得先进技术，获得的只是技术研发能力的丧失。像中国这样的发展中国家，应强调学习和创新的统一，应从被动引进向立足自主、有条件、有选择引进转型（高梁，2006）。因此，创新不等同于自己创新。在创新的过程中所涉及的"自我"，指的并不是仅仅依靠本国的力量。从零开始发展，任何事情的完成都仅仅依靠自己，也不是封闭的环境中进行发展。"自我"的实际内涵指的是在经济开放的环境中,要能打破对其他国家技术的依赖,不受他国的控制;在向别人学习和借鉴的过程中,实现自身创新能力的发展。在经济全球化迅速发展、技术进步日新月异的国际环境下,关起门来自己搞创新,不但不利于技术的发展,反而会与发达国家的技术差距越来越大。我国政府提出的创新,是指在开放的国际国内环境下,在充分学习借鉴发达国家已有的科技成果基础上的创新。"自主"强调的是创新的自觉性和主动性。

应当明确的是,我们所提出的创新,必须是开放的创新。这包含四个方面的含义:

第一,对世界科技发展的趋势和产业竞争格局的变化要密切关注,掌握其发展的最新动向。在充分了解我国实际需求的基础上,推动我国未来科技和创新的发展进行全面的布局,掌握科技革命的主动性,为经济发展做出大的贡献。

第二,在资源全球化流转的情况下,要充分实现对技术、资金和人才等资源的有效利用,始终以开放性的眼光看待世界经济的发展;要打破国际的技术壁垒,加强与外部的交流与合作,对其他国家的先进技术和生产观念要借鉴过来。

第三,要明确国家交往所应遵守的各项规则,用全球化的视野看待创新能力的发展。在经济发展的过程中,不断提高自身在国际事务中的话语权。

第四,创新模式具有开放性。随着经济全球化的不断推进,创新组织的发展也呈现出了网络化和专业化的发展趋势。在创新模式实现的过程中,各个环节都需要多个国家和企业的参与,充分体现出了生产和技术的分工和聚集,充分预示了创新模式的全球化发展趋势。

三、实践创新驱动发展战略的现实依据

(一)创新驱动发展的契机——国际金融危机的爆发

国际金融危机爆发之后,国内外的经济环境都发生了重大变化。实践证明,想要推动企业创新力的快速发展,危机是一个重要契机。正所谓"否极泰来"。企业遭遇大的危机的时候，可能就是发展的最好时机。因此，在世界性的金融危机爆发之后，这也就为全球的技术创新提供了一个最佳的契机。熊彼得提出，在资本主义经济发展中所经历的繁荣、衰退、萧条和复苏的整个过程中，技术创新在其中起着决定性的作用。

1857年，在爆发世界经济危机之后，催生了第二次技术革命，主要标志为电气革命。1929－1933年爆发的世界经济危机，产生了第三次技术革命。在这一时期，美国和苏联抓住时机，大力发展了航空航天技术、电子技术和核能技术。日本在1973－1975年石油危机中，大力发展家电、汽车和微电子等技术，成为20世纪70－80年代与美国抗衡的经济强国。1985－1987年爆发的世界经济危机，催生了知识经济的产生及发展，一些大型高科技企业抓住此次机遇，对金融大力进行创新，引发了新的技术革命。这一时期的企业，包括微软和英特尔等，让每个人的桌面上都可以拥有一台个人电脑，给人类社会带来了巨大影响。到了20世纪末，亚洲金融危机爆发。韩国在此期间遭受重创，借用此次危机韩国开始对互联网产业大力进行发展，仅仅在三年之后就摆脱了金融危机，实现了全国范围内的经济复苏。事实表明，经济危机往往是科技创新与产业革命的助推器。面对危机，很多企业开始大力寻求自身在科技上的创新和突破。这就使得很多新兴产业在这一时期中能够得到成长的机会，以顽强的生命力战胜金融危机，成为企业新的经济增长点，实现产业经济结构的优化升级，全面推动经济的快速发展，并在危机过后推动经济进入新一轮繁荣。

从上述中我们也可以看出，面对国际金融危机，必须要始终坚持进行科技创新，这是带领企业摆脱经济危机、创造新的经济增长点、增加就业岗位的一个关键性举措，是对经济增长模式进行改革创新的根本出路。该项措施的执行，也激发了科技创新的突破，缩短了新的科技革命到来的时间。

(二) 创新驱动发展的基础——科研和经济实力的大幅提高

我国在实行全面改革开放之后，对于科技的发展极为重视，每年针对科技发展的资金投入都会有所提升。20 世纪 90 年代之后，针对科学技术的发展，我国政府及相关部门制定了一系列改革措施，包括"863"计划、"973"计划、"科技支撑计划"、自然科学基金资助项目等，并且还在各项财政和税收政策等方面，给予了高科技企业大力的支持，其目的就是要全面提升我国企业的创新能力，促进科技事业的发展。这些优惠政策的实行，为我国科技创新的发展提供了重大发展机遇，我国在多个领域都取得了技术上的重大突破，取得了举世瞩目的巨大成就。我国已经进入工业化中后期阶段，拥有了较为完备的产业体系和强大的制造能力，科技事业得到了快速发展，并且在高科技研究领域取得了优异的成果，在一些关键领域取得了技术上的重大突破。我国经济社会的发展取得了重大成果，实现了从高速铁路到量子通信，从超级杂交水稻到基因测序等方面的成功飞越，也为下一步实现创新驱动发展积累了基础。科学技术的发展对于我国综合国力的提升起到了重要的作用，不仅促进了经济的发展，提高了人们的收入，同时还提高了我国的国际竞争力。我国科学技术发展的整体水平已位居发展中国家前列，有些科研领域达到了国际先进水平。

（三）创新驱动发展的动力——国内市场需求巨大

促进经济发展的根本动力是市场的需求，这是实现创新资源聚集的关键性条件。从我国经济发展的总体状况来看，工业化的发展已经进入了中后期阶段。随着我国经济的进一步发展，我国城镇化步伐的逐步加快，再加上网络信息技术的迅猛发展，都在社会上形成了巨大的市场需求。我国人口数量庞大，尽管近年来我国城镇人口数量每年都在递增，但农村的人口仍然占据了很大比例。随着我国各项惠农政策的实行，农村人口的收入有了很大提高，生活水平得以改善，他们对自身的生活有了更高的要求。当前，农村人口的生活正处于结构调整和转变的过程中，随着经济的进一步发展，以及社会保证体系的完善，这部分人口就会产生巨大的消费需求，进而转化为市场需求。从我国农业发展的总体状况来看，农业发展的科技含量较低，因此在未来的农业发展中，对于现代农业生产技术会产生巨大的需求空间。随着农民生活以及生产结构的转变，人们对于农业设备的要求也逐渐提高，很多低端农业设备开始被淘汰，取而代之的是更为先进、便捷的新型农业设备，农村人口对此产生了庞大的需求。

上述问题的产生，就为我国创新驱动发展提供了巨大的市场空间。当前，我国各行业都为创新技术的发展极为重视，这也就为新技术的发展创造了很大的潜能。在提高人民生活水平的过程中，要通过科技的力量为中高收入阶层创造新的需求，这也是促进科技创新、提高经济发展的一个重要方面。通过培育新的需求来引导科技的创新与发展，这是增强国家综合实力的一项重要手段。

第二节　转变经济发展方式与创新驱动发展战略

创新驱动发展战略是转变经济发展方式的内在要求和战略部署。党的十八大报告指出，必须要对社会主义市场经济进行完善，转变经济发展方式，要坚持创新驱动发展战略的实施。要从全局的角度出发，制定国家发展战略，提高国家综合国力，提高社会生产力，要始终坚持科技创新，将其作为国家未来发展的重点。这充分表明了国家依靠创新实现经济持续健康发展的坚定决心和对创新驱动力的高度重视，也为我们推动发展更多依靠创新驱动指明了方向。

一、转变经济发展方式的内涵

（一）经济增长与经济发展

从增长到发展，是一个历史的演进过程。西方经济学对经济增长和发展进行了多方面的论述。从二者定义的角度出发，没有明显的区别，因此可以交替使用。

20 世纪 70 年代之后，人们在对经济学理论进行深入研究的过程中，才开始对经济增长和经济发展的概念进行明确的区分。经济增长与经济发展的联系与区别成为国际论坛上的一个热门话题。

1. 经济增长

萨缪尔森(Paul Samuelson，1996)撰写的《经济学》，对经济增长的内涵进行了论述："经济增长用现代的说法就是指，一个国家潜在的国民产量，或者潜在的实际 GNP 的扩展。我们可以把经济增长看作生产可能性边缘随着时间向外推移。"诺贝尔经济学奖得主、美国经济学家西蒙·库兹涅茨(1986)指出："一个国家的经济增长，可以定义为向它的人民提供品种日益增加的经济商品的能力的长期上升，这个增长的能力，基于改进技术以及它要求的制度和意识形态的调整。"

简而言之，所谓经济增长，是指一个国家或者一个地区在一定时期内，生产的产品和劳务总量的增加，也就是国内生产总值(GDP)的增加。通常情况下，人们会使用总量指标或人均指标的绝对增加或相对量的增长来对经济增长进行表示，包括国民生产总值(GNP)、国内生产总值(GDP)、国民收入(NI)等。从本质上看，经济增长实际上就是社会财富的不断增加，是社会再生产的动态表示。因此，经济增长是一个相对纯粹的经济学概念，它以产出量的增加作为衡量尺度，主要侧重于国民生产总值的提高，即 GDP 的增长。

2. 经济发展

费景汉和古斯塔夫·拉尼斯(1992)出版的《劳力剩余经济的发展：理论与政策》一书认为："经济发展可以定义为一个过程，通过它，组成一个特定社会的个人，学习怎样去改变他们的制度环境，使现有的总资源可以得到充分和有效的配置，以实现这个社会的最大增长潜力。"

在《新大英百科全书》的论述中，明确将经济增长与经济发展分为了两个不同的概念。其中，经济发展主要是在与不发达经济相比较的情况下提出的；而经济增长则通常是在对发达经济进行分析的过程中使用。对于经济发展来说，其主要指的是那些不发达国家逐渐摆脱贫困、落后，并逐渐实现现代化的发展过程。

从广义上看，经济发展是伴随着多种因素的发展而诞生的，包括经济、社会结构以及观念习俗等方面的发展变化。钱纳里明确指出，经济发展就是经济结构的成功转变，即从一个相对固定的结构向另一个结构的多维过度。对于一个国家来说，能够满足本国居民日益增长的需求的能力逐渐提高，是本国经济发展的重要表现。需要注意的是，该种能力的提高，需要建立在现代技术应用基础之上，并且还要对这些先进技术不断进行升级，并将其应用于实践之中；同时，所制定的各种制度和社会意识形态，也要有所改变。而经济发展则指的是，在一个国家内，能够满足人们日益增长的各种能力的持续提高。从我国国情来看，经济发展涉及多方面的问题，包括发展道路、发展阶段、发展战略、发展动力、发展条件、发展机遇、发展速度等。发展本身所涉及的内容也包含多个方面，如经济、社会、生态环境及人的发展等。

经济发展的内涵比经济增长要宽泛很多。不仅包括经济总量(GDP)的增长，还包括经济结构、分配结构、消费结构等的调整，以及制度变迁、自然资源与生态环境变化等在内的整个经济形态的演进。经济增长是经济发展的基础和前提。没有经济增长、没有产品和服务的增加，就不可能有经济发展。但是，并不是所有的经济增长都能够带来经济发展，有些发展中国家的经济是有增长而无发展。经济发展是质与量的有机统一。

总之，经济发展是指一个国家或地区随着经济增长而出现的经济、政治和社会的整体演进和改善，强调的是经济系统由小到大、由简单到复杂、由低级向高级的演变，是一个从量变到质变的过程。不仅包括一个国家或地区一定时期内产品和劳务产出量的持续增长，而且包括整个社会面貌的变化，经济结构的优化，社会全体成员物质与文化生活质量的不断提高。

(二) 转变经济发展方式

1. 经济增长方式的提出

为了赶超英美等西方发达国家，苏联从 1928 年开始执行第一个五年计划，以后的几十年中一直保持着比西方国家高得多的增长速度。但后来发现，虽然经济增长速度比西方国家快得多，但与西方国家相比，国家的技术发展以及人民的水平之间的差距并没有减少，而是越来越大。

经过认真分析研究，苏联经济学家开始认识到，本国的经济增长是靠投资来拉动，而西方国家的增长主要靠技术进步和效率提高来实现。于是，苏联经济学家在 20 世纪 60 年代后期提出了经济增长方式的概念，他们把增长方式分为两种：一种是靠增加自然资源、资本和劳动等多种资源所实现的增长，被称为是外延增长或是粗放增长；另一种则是与其相对的内涵增长或是集约增长，是通过提高效率所实现的经济增长（吴敬琏，2008）。因此，在未来经济的发展过程中，才逐渐提出了经济发展方式的转变，将粗放式的经济增长方式逐渐向集约式的经济增长方式转变。现代发展经济学也使用经济增长模式来说明经济增长的源泉。速水佑次郎(2003)是日本著名的经济学家，其所谓的"马克思所分析的增长模式"，指的是早期的先行工业化国家所依靠的经济增长模式，并且将第二次产业革命之后，很多国家在经济发展过程中所采用的效率驱动经济增长方式，称之为"库兹涅茨所分析的增长模式"。

2. 从"转变经济增长方式"到"转变经济发展方式"

1987 年，党的十三大报告提出要转变经济发展方式，要始终坚持注重效益、提高质量、协调发展、稳定增长的战略。在实施这一战略的过程中，要始终注重产品质量的提升，针对不同的产品选择恰当的销售渠道，不断提高劳动生产率和资源的使用效率，实现多项生产要素的最佳配置，提高资金周转率，提高对资金的使用效率。本质上说，就是要转变经济发展方式，从原有的粗放型的经济增长方式转变为集约化的经济增长方式。在此次报告中，虽然没有正式提出"转变经济增长方式"的概念，但是却切实制定了转变经济增长方式的战略方向。

《中共中央关于制定国民经济和社会发展"九五"计划和 2010 年远景目标的建议》是在 1995 年 9 月，党的十四届五中全会通过的，提出要实现"九五"计划，并制定了要在 2010 年实现的经济发展目标。具体来说，报告主要提出了两方面的内容：第一，要实现经济体制的转变，逐渐实现社会主义市场经济体制取代传统的计划经济体制；第二，要实现经济增长方式的转变，以集约型经济增长方式取代传统的粗放型经济增长方式。该文件是党中央第一次正式使用"转变经济增长方式"这一概念。

1997年，党中央又提出了新的经济发展目标，即"转变经济增长方式，改变高投入、低产出，高消耗、低效益的状况"。要实现国民经济又好又快的发展，转变经济发展方式是关键，并且还要对当前的社会主义市场经济体制不断进行完善。国家和社会未来的发展，要始终将转变经济增长方式作为发展的重点内容。在党的十七大报告中，提出要"加快转变经济发展方式，推动产业结构优化升级"，这对于国民经济的全局发展具有关键性的作用。党的十八大报告指出，面对国际发展的新形势，要能够快速适应，结合国内经济发展的现状，逐渐构建适合我国发展的新的经济发展方式，将提高产品的质量和效益，作为未来经济发展的重点方向。

3．转变经济发展方式的内涵

经济发展方式是指实现经济发展的手段、路径和方法，这其中既包含经济增长的核心内容——由主要依靠增加物质资源的消耗实现经济增长向依靠科技进步、管理创新等手段来提高资源的利用效率。同时，也包含有把对转变经济增长方式的关注拓展到关注经济结构、质量、效益和环境保护等诸多方面的内容，从而在根本上推动经济增长方式的转变。转变经济发展方式，就是要按照科学发展观的要求，转变发展理念，调整经济发展诸因素的配置和利用方式，走可持续发展之路，提高经济的国际竞争水平，促进经济又好又快地发展。党的十七大报告中，把转变经济发展方式的内容概括为"两个坚持"、"三个转变"，即："要坚持走中国特色新型工业化道路，坚持扩大国内需求特别是消费需求的方针，促进经济增长由主要依靠投资、出口拉动向依靠消费、投资、出口协调拉动转变，由主要依靠第二产业带动向依靠第一、第二、第三产业协同带动转变，由主要依靠增加物质资源消耗向主要依靠科技进步、劳动者素质提高、管理创新转变。"党的十八大报告将转变发展方式概括为"四个着力"和"五个更多依靠",即:着力增强激发各类市场主体发展新活力,着力增强创新驱动发展新动力,着力构建现代产业发展新体系,着力培育开放型经济发展新优势,使经济发展更多依靠内需特别是消费需求拉动,更多依靠现代服务业和战略性新兴产业带动,更多依靠科技进步、劳动力素质提高、管理创新驱动,更多依靠节约资源和循环经济推动,更多依靠城乡区域发展协调互动,不断增强长期发展后劲。

具体而言,转变经济发展方式的内涵主要包括以下几个要点:

第一,在发展理念上,坚持科学发展,正确处理快与好的关系。不仅要保持国民经济的平稳较快发展,继续保持经济上量的增长,同时更要注重质的提升,推进包括产业结构、收入分配结构、城乡结构等在内的经济结构的战略性调整,努力提高经济发展的质量和效益:实现速度、质量、效益协调发展,消费、投资、出口协同拉动,以及人口、资源、环境的均衡发展。

第二,在发展道路上,要走新型工业化道路,依靠创新,通过科技进步推动经济发展,从根本上改变依靠高投入、高消耗、高污染支撑经济增长的传统发展之路,充分发挥市场在资源配置中的决定性作用和更好地发挥政府的作用,建立经济社会发展与生态环境改善相互促进的双赢机制,实现可持续发展。

第三,在发展的国际环境上,要主动适应经济全球化新趋势,推动对内对外开放相互促进,引进来和走出去更好结合,深入利用国际资源,提高开放型经济水平和质量,提高开放型经济的整体素质和国际竞争力。

二、实施创新驱动发展战略的意义

(一) 是提高我国经济发展质量的要求

中国经济发展要从规模扩张为主转向提升质量和效益为主,就必须依靠创新。支撑中国经济发展的要素条件正在发生变化,随着劳动力成本的不断上升和各种资源环境约束的加强,旧有的投资驱动、规模扩张、出口导向的发展模式空间越来越小，不可持续。唯一的出路就是进一步强化创新驱动，实施产业升级改造，提升价值链，提升产品附加值，通过提高质量和效益来赢得更长时间的可持续发展。

1. 实施创新驱动，有效解决经济与人口、环境、资源之间的矛盾

改革开放以来，人口红利在我国的发展中发挥了重要作用，依靠低劳动力成本推动了劳动密集型产业的发展。但目前人口红利逐渐消失，劳动力成本在上升，人口老龄化在加速，经济社会发展的成本在增加。唯有通过提高人口素质，创新驱动经济发展。2015 年国家统计局统计公报数据显示，2015 年年末，我国 60 岁及以上人口已达到 2.02 亿，占全国人口总数的 14.9%；其中，65 岁及以上人口占全国人口总数的 9.7%，达到 1.31 亿(表 1-1)。目前全球老年人口超过 1 亿的国家只有中国一个。2 亿老年人口数相当于印尼的总人口数，已超过了巴西、俄罗斯、日本各自的总人口数。如果作为一个国家的总人口数，也能排世界第四位；按照联合国的预测数据，我国 65 岁及以上的老年人口总量将从 1950 年的 0.24 亿增至 2050 年的 3.31 亿。

表 1-1　2015 年年末人口数及其构成

单位：万/人

指　标	年末数	比例%
全国总人口	136 072	100.0
其中：城镇	73 111	53.73
乡村	62 961	46.27
其中：男性	69 728	51.2
女性	66 344	48.8
其中：0-15 岁(含不满 16 周岁)	23 875	17.5
16-59 岁(含不满 60 周岁)	91 954	67.6
60 周岁及以上	20 243	14.9
其中：65 周岁及以上	13 161	9.7

我国人均资源少，发展面临极大的资源环境压力：无论是能源、矿产，还是土地和水资源，我国的人均拥有量均大大低于世界平均水平。其中，水和耕地资源人均拥有量仅为世界平均水平的 1/4 和 1/3；45 种主要矿产资源人均占有量不足世界平均水平的一半，油气人均可采储量仅为世界人均平均的 6%。

经济发展方式从要素驱动转向创新驱动，有利于促进外延粗放利用资源向内涵集约利用资源转变，促进资源节约和优化配置；同时，在工业化、信息化、城镇化和农业现代化加快推进的阶段，经济发展方式转向创新驱动，能有效降低单位 GDP 资源能源消耗，降低污染物和温室气体排放强度。这既有利于缓解国内的生态环境压力，又有利于中国在应对气候变化的国际博弈中掌握更多主动权。

2. 实施创新驱动，推动产业升级，提高发展质量

我国是制造业大国，有 220 多种产品产量居世界第一，其中包括轻工、纺织产品和家用电器等。2015 年，我国制造业在全球制造业总值中所占比例达到 19.8%，超过占比为 19.4%的美国，成为全球第一大制造国。然而，我国多数制造企业处于产业价值链低端，研发、设计、品牌、供应链管理和营销等高附加值环节薄弱。所以，从严格意义上讲，我国是生产加工大国，并非制造业大国。

当前，我国制造业发展模式受到了很大挑战，需要通过技术创新走出困境。中国制造的困境主要表现为两方面：一方面，低技术发展模式已到尽头。首先，作为这一发展模式基础的廉价劳动力随着近年来劳动报酬不断上升，人口红利不断减少，加上人口老龄化趋势，致使我国的制造成本不断上升。廉价劳动力时代正在走向结束，这已经导致许多公司向中西部转移，有的已经转移到周边国家。其次，金融危机导致全球需求下降，再加上金融危机引发的美国等一些国家贸易保护主义的再次抬头，限制和提高出口门槛，导致依靠外需的中国制造面临难以为继的压力。再次，制造企业主要是中小民营企业在国内的生存环境恶化：中国制造的主体主要是中小民营企业，它们不仅先天不足，起点低，而且后天营养不良，大多是劳动力密集型、附加值较低的代工企业；目前它们面临贷款难，原材料价格和劳动力价格上涨，以及不完全竞争规则的影响，生存困难。另一方面，

自身转型缓慢、乏力。

制造业的核心并不是加工制造本身，而是以自主核心技术为支撑，以产品研发和设计为龙头，通过全球采购进行集成，获取高附加值。按照微笑曲线来分析，在价值链两端，包括研究开发、采购、产品设计、品牌营销、物流管理、金融等，附加值和利润率高，而处于中段的加工、组装、制造等传统的制造业企业，附加值和利润率低(图 1-1)。我们消耗了大量不可再生资源，承受着环境污染，但利润的大头却落在别人手里。唯有强化创新驱动，才能改变这种状况，实现以创新为基础的产业升级，把科技创新与经济发展紧密结合起来，才能为我国经济社会发展提供持续动力源泉。

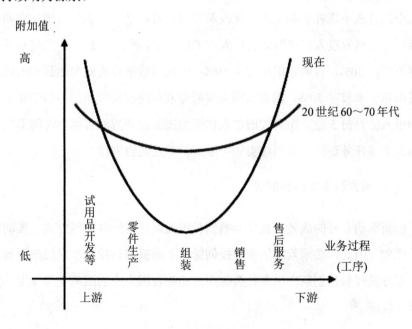

图 1-1 微笑曲线

(二) 是转变经济发展方式的内在要求

创新驱动是加快转变经济发展方式最根本和最为关键的力量。我国人均资源占有量少，生态环境脆弱，人口规模巨大，经济与社会发展面临各种挑战。经过多年来的艰苦努力，我国经济社会发展取得历史性成就。但发展中不平衡、不协调、不可持续的问题依然突出，经济结构调整已经成为一个带有根本性、全局性的问题。在耕地、淡水、能源、生态环境等刚性约束不断强化，要素驱动型增长模式难以为继的背景下，经济发展方式转向创新驱动是经济平稳较快发展的必由之路。

1. 建设创新型国家的迫切需要

强化创新驱动是加快建设创新型国家的迫切需要。进入创新型国家行列，是我国全面建成小康社会和全面深化改革开放的目标之一。创新型国家有四项重要指标：一是研发投入强度即研发投入占 GDP 的比例达到 2.5%；二是对外技术依存度不超过 30%，目前我国超过了 50%；三是科技进步贡献率达到 60%以上，我国目前总体刚超过 50%；四是本国人发明专利年度授权量和国际科学论文被引用数均进入世界前 5 位。距离我国进入创新型国家行列战略目标的时间不到 7 年，时间紧迫、任务艰巨，必须切实加快创新驱动发展的步伐。

2. 关系到科学发展的成效

创新驱动发展的成效，直接影响到我国加快转变经济发展方式、推动科学发展的成效。因此，必须紧紧依靠科技创新，不断提高科技进步对经济发展的贡献率，充分发挥科技创新在提高社会生产力和综合国力中的战略支撑作用，实现创新驱动发展。

3. 关系到经济结构的调整和社会的和谐

经济结构问题与科技创新能力和人才素质密切相关。如果没有创新能力特别是科技创新能力的大幅提升，就难以真正完成经济结构的调整和发展方式的转变，影响经济社会科学发展。无论是现代产业体系的确立，还是战略性新兴产业的发展，都离不开科技的力量。另外，创新驱动型发展方式的一个显著特征是高质量，人力资本的重要性更加突出，从而有利于提高居民收入在国民收入分配中的比例和劳动报酬在初次分配中的比例，有利于增进社会和谐、提高居民生活质量。

(三) 是赢得发展机遇和主动权的必然要求

牢牢把握发展主动权，抢占未来发展先机，最根本的是要依靠科学技术的力量，最关键的是要大幅提高创新能力。根据国际经验，处于中高收入阶段的国家，有可能面临经济增长趋缓、社会矛盾加剧等一系列挑战，有些国家因此而落入"中等收入陷阱"。进一步强化我国经济发展方式的创新驱动，有利于在发展水平接近技术前沿国家、低成本技术模仿的空间缩小的背景下，寻求发展机遇，避免陷入"中等收入陷阱"。

近几年，在应对国际金融危机过程中，各国尤其是发达经济体都对实施国家创新战略更加重视，世界范围内生产力、生产方式、生活方式、经济社会发展格局正在发生深刻变革。目前，新技术革命和新产业革命已初现端倪，一些重要科技领域显现发生革命性突破的先兆，知识创新、技术创新和产业创新深度融合，催生了新一代技术群和新产业增长点，全球将进入一个创新密集和新兴产业快速发展的时代。

在新的国际竞争格局中，发达国家及其跨国公司用技术控制市场和资源，形成了对世界市场特别是高新技术市场的高度垄断。当前，我国对外技术依存度在50%以上，部分行业甚至更高；而一般发达国家都在30%以下，美国和日本则更是低于5%。我国的核心技术和关键技术自给率低，占固定资产投资40%左右的设备投资中，有60%以上要靠进口来满足，高技术含量的关键设备基本上依赖进口。重引进、轻消化吸收再创新，造成我国很多企业始终处于跟跑追赶阶段。近年来，我国制造企业500强研发强度一直徘徊在2%，远远低于世界500强平均3%~5%的水平。我国大部分高技术产业增加值为三资企业所创造。2012年，我国高新技术产品出口额6 012亿美元。但是，加工贸易占72%，而技术含量较高的软件和芯片出口比例却不到7%。另外一个不可回避的现实是，我国很大一部分高技术产业产值是三资企业创造的。2015 年，高技术产业主营业务收入中，三资企业占到 60%；从高技术产品出口的企业分类分布来看，高技术产品出口份额中，外商独资企业占到 61%(表 1-2)。因此，我国只有不断强化创新驱动，提高创新能力，才能获得发展的机遇和主动权，否则将会不断拉大发展差距，甚至被边缘化。

表 1-2　高技术产品出口按企业类型分布

单位：%

	2005	2006	2007	2008	2009	2010	2011	2012	2013	2014	2015
国有企业	15.1	10.4	8.5	7.4	6.9	7.3	7.4	6.9	6.9	5.8	5.7
中外合资企业	23.9	21.4	20.6	18.9	17.6	17.0	6.3	15.7	15.7	14.5	16.8
外商独资企业	55.4	61.9	65.0	67.4	68.6	68.2	67.6	67.5	66.5	67.0	60.7
其他	5.7	6.3	5.9	6.2	6.8	7.6	8.7	9.9	10.9	11.7	16.9

第三节　创新能力不足制约中国制造业发展

目前，中国制造业创新主要还停留在引进技术的单一创新模式上。由于制造产业和相关宏观调控政策没有考虑周全，而且研发的资金投入严重缺乏，所以还没有形成完整的技术创新联动体系。尽管我国制造业取得了一定的成绩，近些年来也得到了很大发展，但创新能力不强的特点导致进口依赖、产业安全风险和出口结构等问题相继出现，创新能力更是得不到提升，严重制约了我国制造业可持续发展的空间，参与国际竞争的能力也渐渐削弱。所以，需要充分了解我国制造业创新存在的问题，才能真正解决发展我国制造业的问题。

一、产学研脱节，人才不足

长期以来，我国一直没有把科技创新同市场联系在一起，大量科研院所游离于企业之外，企业在产学研体系中处于附属地位。这表明，一方面，大量的科技人才都集中在"象牙塔"式的科研院所和大学校园内，并且由于工资与激励机制的扭曲，把主要精力都放在了评职称、发表论文、获奖等方面；另一方面，企业的研发人才奇缺，多数企业没设置研发机构，产学研结合与沟通渠道不畅。这必然导致产学研分割、科技成果转化为现实生产力的效率低下，人才短缺。

要解决制造行业的产学研脱节问题，必须有一个机构来组织协调。国家没有相关部门来组织协调，只能靠行业自己。国外都是靠行业协会来组织协调企业与科研院所，企业与科研院所签订合同，企业先支付一定比例的经费，科研院所根据企业的要求，负责从产品的开始研制到实现工业化生产整个过程，最后由企业支付剩余的经费。企业与科研院所之间的合作完全按照依法诚信的原则来进行，形成了良性的产学研结合机制，使行业的研究开发水平不断跃上新台阶，产品更新换代速度很快。因此，我国企业和科研院所要在诚信的市场经济规则下携手合作，让我国自行开发技术产品能够更多地占领国内的市场，并积极开拓国际市场。

二、制造业组织结构不合理，集群度不高

随着社会分工的细化，工艺的专业化生产及非核心业务生产的外置和服务外包已经成为趋势，内化向外化演进是当今制造业主要的变革方向。

与国际同类企业相比，我国相关产业集中度过低，企业规模过小，中小企业又发展缓慢，缺乏规范，难以形成有效竞争。同时，大中小企业没有实现在专业化基础上的分工协作，"大而全"、"小而全"是其基本的结构特征。此种模式造成了我国制造业在规模经济、有效竞争及分工协作方面的多重损失。因此，调整制造业的产业组织结构，促进制造企业实现规模经济，促进企业间分工合作，抑制过度竞争，构建产业内适度集中，企业间充分竞争，大企业主导，大中小企业共生的寡头主导型产业组织结构是振兴制造业的关键 (何禹霆等，2015)。

制造业产业链长，中间产品交易量大，迂回生产方式明显，最适合以产业集

群的方式组织生产，从而通过分工的专业化与交易的便利性，把产业发展与区域经济有效地结合起来。制造业应着力建立和完善区域服务体系，促进资金、技术和人才等要素向优势区域集中，支持企业间分工协作，形成制造业的产业集群新优势。一批产业特色突出、专业分工合理、协作配套完善、创新能力较强的创新型制造业集群，使同种产业或相关产业的制造企业在地方(地区) 有机地集聚在一起，促进集群企业间信息交流和制造资源的优化配套，利用互联网平台实现企业间信息的快捷交换，有利于企业间的优势整合，发挥产业集群效应，提升产业竞争优势。

我国制造业的创新取得了令人瞩目的成就，但同时我们也应该看到创新过程中与世界发达国家之间存在的差距。在认识到自身不足与存在的问题的基础上，加以改进和发展，真正实现我国制造业在整个国民经济中的龙头作用，以制造业的创新为基础，提高国民经济的整体实力，增强在世界范围内的竞争能力，成为真正的制造业强国。

三、引进吸收再创新能力差，缺乏核心技术

我国对引进技术的消化吸收长期缺乏足够重视，只引进而不消化吸收，成为产业技术进步的一个老大难问题。同时，由于消化吸收经费投入明显不足，以及发达国家对先进核心技术的垄断，导致对引进技术的消化吸收再创新能力相对薄弱，严重影响了产业创新能力的提高。

发达国家利用自己的技术创新能力积累足够规模的本土市场高端需求，成为世界新技术、新创意、新产品发源地和新需求市场的开拓者，由此对发展中国家形成了不对称的买方优势。这种垂直竞争格局决定了跨国公司的价值创造和分配的主动权，从而使得处于价值链中低端的我国本土制造企业只能分配到很微小的利润，如通信设备、计算机及其他电子设备制造业，芯片和软件是其核心技术。这种国际分工体系所造成的利益机制扭曲，一方面限制了我国制造企业创新的资

金流；另一方面将我国本土制造企业约束在价值链中高物耗、高污染、低效益的环节，一旦需求萎缩或原材料、运输等中间投入品的价格上涨，有限的利润空间就会受到严重挤压。发达国家的技术垄断，影响了我国企业对引进技术的消化吸收能力。凭借科技优势和建立在科技优势基础上的国际规则，发达国家及其跨国公司形成了对世界市场特别是高技术市场的高度垄断，从中获取大量超额利润。

四、创新投入与国际水平相比存在很大差距

2016 年世界经济合作与发展组织(OECD) 发布的一期《主要科学技术指标》数据库(Main Science and Technology 2009-1) 公布了 OECD 国家 30 个成员国和中国、俄罗斯、阿根廷、南非、以色列、新加坡、罗马尼亚、斯洛文尼亚、中国台湾等 9 个非 OECD 国家(地区) 的最新 R&D 数据。据测算，这 39 个国家(地区) 的 R&D 经费占世界 R&D 经费总额的 95%以上。

2014 年，上述 39 个国家(地区) 的 R&D 经费总额达到 1.02 万亿美元，若加上有 R&D 活动的其他 71 个国家(地区) 的最新 R&D 经费，则世界 R&D 经费总额达到 1.07 万亿美元，历史性地突破了 10 000 亿美元，标志着世界 R&D 活动进入了一个全新的发展阶段。2016 年，我国 R&D 经费总额为 849 亿美元。近年来，我国 R&D 经费的增长速度远远高于美、日、德、法、英五个 R&D 大国，与英国、法国的差距迅速缩小。与我国类似，韩国、俄罗斯等发展中经济体也表现出良好增长势头，在世界研发体系中的地位迅速提高。世界研发活动逐渐呈现出多元化发展态势。但总的来说，我国创新的 R&D 投入与发达国家相比还存在着很大差距。

如表 1-3 所示，虽然从 R&D 经费规模上看，我国企业已经成为 R&D 活动的主体，具备了与市场经济国家相似的比例特征，但是从企业构成来看，我国企业部门 R&D 活动具有两个重要特征，即外资企业 R&D 经费所占比例较高，高技术产业的 R&D 经费比例偏低。外资企业在我国企业 R&D 经费中所占比例逐年提高。

表 1-3 部分国家 R&D 费用中各执行主体的投入比例

单位：%

国家	研发机构	企业	高等院校	其他
中国(2016 年)	17.2	73.2	8.1	1.5
美国(2015 年)	10.6	72.6	12.8	3.9
日本(2015 年)	8.3	78.5	11.6	1.6
德国(2016 年)	14.5	68.2	17.3	0
法国(2015 年)	15.9	62.8	20	1.2
英国(2016 年)	9.2	62	26.5	2.4

据资料统计，世界 500 强用于研究与开发(R&D) 的费用占全球 R&D 费用的 65% 以上，平均每个企业的技术开发费用占其销售额的 10%～20%。而我国大中型工业企业的技术开发费用占产品销售收入的比例只有 1.4% 左右。另外，国外企业每年的研发投入占年销售总额 5%～10%。在 2017 年，据部分统计，我国制造业各分支中研发投入占产值的比率都比较低，但航空航天器制造业相对投入比较大。这些数据都表明了我国企业基础研发费用投入不足，是目前我国制造业技术创新的软肋。根据国际经验，技术研发投入占销售额比例在 1% 以下的企业是难以长期生存的，比例为 2% 左右的企业仅可以基本维持，只有比例达到 5% 的企业才有竞争企业的核心竞争力和国家竞争力。

五、缺乏自主品牌和世界一流企业

大企业、大集团是企业群体的"火车头"，代表了一个国家的产业技术水平和国际竞争力。制造业是最能体现规模经济效益的产业，但我国很少有在规模与创新能力上能与国际一流企业相抗衡的企业。全球第一份制造业白皮书于 2010 年 7 月 29 日在北京发布，《全球制造业白皮书》以美国《财富》杂志全球 500 强的数据作为研究样本，发现 2010 年入选全球 500 强的制造业企业有 217 家，美国以

55家制造商入选排名第一，日本以34家制造商入选排名第二，而中国以24家制造商入选排名第三。我国虽然已经进入全球三大制造强国阵容，但是与美国和日本相比，还是有很大的差距。全球制造商集团首席执行官丁海森说："中国的差距不仅体现在品牌上，更体现在企业规模上。今年的世界机械500强前10名中国无一入选，前100名中的中国企业仅有9家。中国机械500强的门槛是0.3亿美元，而世界机械500强的门槛则为是20亿美元。"2010—2016年世界机械500强的我国企业数量分布，如表1-4所示。

表1-4 2010—2016年世界机械制造500强中国企业数量分布

地区	2010年	2011年	2012年	2013年	2014年	2015年	2016年
中国大陆	43	50	50	57	62	66	67
中国台湾	1	1	1	1	5	6	7
中国香港	3	2	2	2	2	2	3
总计	47	53	53	60	69	74	77

六、国际贸易结构不合理，对进口设备依赖程度高

从国际贸易的结构可以看出一个国家制造业的国际竞争力及其在国际分工中所处的地位。我国制造业进出口贸易结构日趋不合理。每年的外贸逆差高达数百亿美元。据海关统计，2016年，我国进出口总值为18 755.8亿美元，比2015年同期增长40%。其中，出口9 897.4亿美元，增长35.5%；进口8 858.4亿美元，增长45.5%；贸易顺差为1 039亿美元，减少14.6%。欧盟、日本和美国仍然是我国制造业产品进出口最大的贸易伙伴，其贸易规模合计达2 867.68亿美元，占全行业的比例达55.81%。其中，对欧盟的双边贸易总额为1 276.54亿美元，同比增长35.61%；对日本的贸易总额为968.11亿美元，同比增长46.68%；对美国的进出口贸易总额达623.02亿美元，同比增长31.55%。

从我国对国外进口产品的总体结构上来看，增长最为迅速的是初级产品，我

国成为了名副其实的世界工厂。在发展的过程中，我国在制造规模上有了急速扩张的需求，当时本国的资源相对匮乏，这二者之间就产生了矛盾。因此就导致我国的制造业在未来发展的过程中，对从国外进口资源产生了极大的依赖性。从我国战略性资源产品进口贸易中，可以对其特征进行总结：进口的规模不断地增大，并且进口的速度也在不断加快，我国制造业的发展对资源的进口有着很大的依赖度，并且进口产品的来源也较为集中。但需要注意的是，当前全球对资源的竞争极为激烈，国际市场供求不够稳定，这也就使得我国在对外国资源进口的过程中，需要承担较大的风险，并且也存在很大的不稳定性，不利于国家的经济安全。因此，我国未来在发展经济和加快进出口贸易的过程中，必须要对我国的进出口贸易结构逐渐进行优化，全面保障我国的经济安全。

第四节　创新驱动力对制造业转型升级的作用机理

长期以来，我国制造业的技术引进路径一直重复着"引进——落后——再引进——再落后"的恶性循环，消化吸收能力的薄弱大大影响了制造业创新能力的提升。改革开放后，在国家的支持下，我国制造业的发展步伐明显加快，尤其在2006年后，我国相继出台和实施了《关于加快振兴制造业的若干意见》等一系列政策措施，有力地促进了我国制造业创新能力的提升，自主知识产权数量增速显著加快，发明和申请量及授权量先后超过国外。

一、我国制造业创新的动力机制

国家在推动制造业发展的过程中，必须要明确制造企业当前的发展现状，要鼓励其借助创新动力机制来推动制造业的发展，积极推动知识共享的实现，以此来推动企业创新能力的提升。应当明确的是，创新活动的产生并不是偶然产生的，也不是单纯的某一因素就可以决定的，其是在多种因素的共同作用下产生的，具有一定的组织性，这些相关的因素包括经济因素、社会因素和政策因素等。创新动力机制指的是，能够推动企业进行创新性活动的各种因素间的相互作用机制或是作用机理，以及对这种作用机理与外部环境之间的关系不断进行维护和改善的关系的总和。制造业创新的动力机制包括利益驱动、市场拉动、技术推动、政策支持四个方面的因素。只有对整套动力机制有充分的认识，建立一套系统的环境变化预警机制以保障竞争与合作顺利进行，才能真正保持和推进制造企业创新能力的提升(图 1-2)。

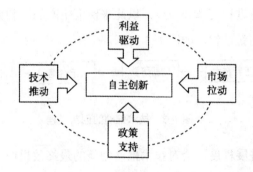

图 1-2 制造企业创新动力机制模型

(一) 技术推动

制造业创新的重要推动力是科学技术。需要注意的是，技术系统具有自我淘汰、自我更替的特征，技术在使用一段时间之后，必定会被新的技术所取代。通过技术进步来推动创新的实现，可以通过以下几种途径来实现。

第一，新技术思路诱导。要勇于创想新的技术思路，其会对企业家组织研究开发活动产生极大的诱导作用，并在研究成功之后，会将新的技术及时应用到生产领域。

第二，技术轨道。对于关键性的技术发展来说，一旦在技术规范形成了模式化之后，技术轨道也会相应地形成。在技术轨道中，只要其中的一项技术完成了商业化的改造，那么创新就会随之开辟出新的轨道，自动激发多种渐进型创新的完成，为新的创新性技术的产生打下坚实的基础。在该种创新循环模式下，更多的创新技术才能不断被创造。

第三，技术预期。技术预期包含两个方面的内容：一方面是技术寿命周期；另一方面是经济效益周期。在创新者看来，如果某项技术还没有进入到衰退期，并且认为该项技术的应用会为企业带来一定的经济效益时，就会着手将这一技术投入到商业化的使用中。

第四，输入推动。企业在引入新型材料投入到生产之后，如果原有的生产工艺或是设备无法对这些材料进行有效的加工，那么就会在无形中推动创新者开始着手对工艺和设备进行变革和改进，以此来保证生产的顺利完成。

技术推动的创新过程，如图1-3所示。

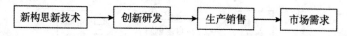

图1-3 技术推动的创新过程

技术本身的进展程度，会对技术推动创新的最终效果产生决定性的影响。也就是说，如果有大的技术进展，那么可能就会推动技术创新产生突进式的发展；如果是小的技术进展，那么技术创新则只能实现渐进式的发展。从这里我们就可以看出，对于特定技术来说，其在经济生活中的实际应用程度，将会对创新带来的经济效果产生巨大的影响。对于制造业来说，如果想在生产技术上始终保持领先地位，那么就必须始终保持创新的精神。这是因为，在创新性的技术成果被成功应用于生产之后，就可以为企业带来垄断性的利润，从而在市场竞争中占据优势地位。制造企业必须要始终坚持创新，在生产技术上不断进行升级和完善，并努力将创新技术成功应用到产品的生产实践当中，这样才能保证自身在市场竞争中立于不败的地位。

制造业的技术推动机制，要不断进行完善。制造业创新驱动的实现，离不开技术发展的强大推动作用。为了达到这一目的，需要从以下两个方面入手：

第一，对技术交易市场要不断进行培育和完善。各个地方的制造业发展都要大力提高其生产力，并建立相应的科技成果展示中心，以此来加强对各种科技成果的宣传和推广，通过各种服务机构，利用现代互联网技术，实现对国内外优秀科技成果的广泛传播，为科技与经济的融合打下坚实的基础。

第二，要推动科技咨询业和科技信息业的快速发展。企业在进行创新咨询的过程中，要能够为其提供有效的信息，加强制造业与大学和科研机构的相互沟通，积极促成企业实现与各高校与科学机构间的合作，建立一种"企业—科技咨询机构—大学(研究所)"有机结合的新型创新模式。

(二) 利益驱动

"天下熙熙，皆为利来；天下攘攘，皆为利往"。企业产生创新动力的最关键的因素是，可以帮助企业获得更多的利益。企业进行创新的原始驱动力是，创新成果在生产中的实际运用，可以为企业带来超额的利润。这是因为，对于企业外部存在的多种动力因素来说，其最终都可以转为企业的利益驱动力，并且实现企业利益的最大化，是企业进行创新的根本目的。对于企业来说，可以通过扩大再生产、提高价格、创新等，多种方式和渠道来提高自身的利润。其中，扩大再生产的方式主要被运用于企业资本原始积累时期，通过该种方式企业可以迅速壮大起来；提高产品价格的方式通常会被应用于供应短缺的卖方市场，通过该种方式企业获得巨大的利润；对于当代社会来说，市场竞争环境日趋激烈，企业必须通过进行技术创新的方式，才能在市场竞争中取得优势，不断对自身的产品结构进行改善，提高劳动生产率，在市场中占领一席之地，并最终获得高额的回报。从上述内容中我们就可以看出，企业进行创新的根本目标就是，追求自身利润的最大化。

通常情况下，企业只有在对创新的收益和成本进行比较之后，才会决定是否进行技术创新。对于企业来说，如果确定创新项目具有较大的稳定行，并且所需要的成本较小，有较高的成功概率，并且将创新成果应用到生产之中后，可以为企业带来较高的收益，那么企业就会加快实行技术的创新活动。这实际上就是利益的驱动。企业在进行技术创新的过程中，对于管理者来说，必须要通过自身的领导力和感召力，在整个企业内部形成良好的创新氛围，通过制定有效的管理手段来对企业的各项资源进行优化配置，不断开拓市场，对创新活动的开展进行高效的组织和管理。对于科技人员来说，其在创新活动中承担着直接实施者的责任，他们必须具备强烈的创新精神和奉献精神，通过自身所具备的专业技术手段和技能，努力对生产技术上遇到的难关进行攻破，才能取得优异的创新成果。企业家和科技人员是创新活动的重要参与者和完成者，他们在创新活动中付出了巨大的精力和劳动，因此需要用最大的利益回报来慰劳他们，以此鼓励他们继续坚持创新的精神和动力。因此，制造企业在未来的发展中，要想在市场竞争中始终保持优势，就需要制定完善的创新激励机制，为管理人员和科技人员提供强大的创新动力。

（三）政策支持

市场竞争活动的规则是政府制定的，并且在市场活动中也占据着重要的位置。制造业最终制定的创新决策，会受到政府对待科学技术创新活动态度的影响，并受到政府创新政策的制约。为了鼓励企业进行技术创新，政府部门通过制定规划、政策、法律等相关措施，对技术创新活动进行协调和服务，以此来为创新活动构建完善的宏观环境；在市场失灵的情况下，对市场的发展进行规范，从上到下形成一种有效的创新保护机制。在未来的创新发展中，政府要进一步加强对知识产权的保护力度，对企业的创新成果提供法律上的保护，切实保护创新企业的利益，将创新成果成功应用于产品的生产，形成自身的市场产品优势，对市场的发展进行整体上的把控，不断提高产品的市场竞争力，维护企业的正当权益。

从发达国家创新发展的总体历程来看，通过政府采购的形式来激励企业进行创新，是极为有效的一项措施。为了减少企业的创新顾虑，降低企业的创新风险，政府可以通过制定合理的采购价格、采购数量和采购标准等形式，鼓励企业的创新积极性。从当前全国的财政支出情况来看，用于政府采购的资金达到了上百亿元的规模。这对于企业来说，是一个庞大的市场，可以全面拉动企业在技术创新方面的积极性。此外，政府还可以通过税收优惠的形式，来鼓励企业进行创新，将以往的直接优惠形式转化为直接优惠与间接优惠相结合的形式，并且以事前扶植和事后鼓励相结合的形式来取代以往主要以事前扶持为主的形式。通过制定税收优惠政策和金融扶持政策的形式，来对人力资本投资进行全面的鼓励，建立多种技术创新风险投资机构，并在其进行风险投资的过程中，建立起与企业利益共享、风险共担的技术创新风险投资机制。通过这一系列措施，在政府的主导下，可以建立起一种制造业集群创新的产业发展新局面。

（四）市场拉动

制造业创新动力机制中，市场的拉动作用主要表现在两个方面，即市场需求和市场竞争。其中，市场需求是制造企业进行创新的根本方向。随着社会的不断进步，市场需求是不断发生变化的，并且具有很强的层次性和多样性。企业是市场需求的最终供应者，为了满足市场不断变化的需求，企业必须要从产品和服务方面来不断进行创新，以此提高企业的市场占有率。研究发现，在社会各个领域所获得的创新成果中，市场需求和生产需求的作用在其中占到了60%～80%。企业在进行研究与开发的过程中，市场需求是其构思的根本来源。市场在企业创新活动中起到了重要的拉动作用，这就最终构成了需求拉动创新的模型。产品和工艺能够不断进行创新，是市场需求的作用为其提供了重要契机。只有在有庞大的市场需求之后，企业在利益的驱使下才会进行技术和工艺方面的创新。市场需求的产生必然会引发创新的产生。因此在创新的过程中，需求在其中起到了关键性的作用，其具体作用模式如图1-4所示。

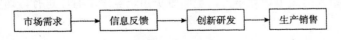

图1-4　市场需求拉动的创新过程

在商品经济环境下，市场竞争是其特有的规律。因此，对于制造企业来说，必须要对市场信息有全面、及时地把控和了解，能够通过技术创新的模式满足市场的需求。此外，制造企业想要获得更高的利润，就必须降低产品的生产成本，提高劳动生产率。只有在市场竞争和经营危机的双重压力下，企业为了获得生存，才会去寻求创新以获得新的发展生机，这同时也为企业的进一步壮大和发展提供了一个重要契机。

为更好地完善和发挥市场拉动机制对制造企业创新的拉动作用，需要从以下三个方面加以改进：

第一，没有压力就没有动力，必须要让企业意识到市场竞争的残酷，加强市场竞争为企业带来的危机感。通常情况下，市场竞争和企业自身的经营状况是企业危机感的主要来源，企业管理者自身的素质对制造企业感受危机的强烈程度起着决定性的作用。企业只有在产生危机感之后，才会为了自身的生存进行技术方面的创新，以求在市场竞争中取得优势地位。在将创新技术融入产品生产之后，只有企业获得了超额的利润，才会为企业带来更为强烈的创新动力，在未来的创新互动中，企业才会给予更多的投入。并且，市场竞争在愈加激烈的情况下，企业才能感受到更为强烈的危机感，为企业带来巨大的创新压力，并在最终实行的过程中，将创新压力转变为创新动力。

第二，政府要对市场竞争秩序进行维护，保证竞争的公平性和有效性，确保有序的创新可以为企业带来创新的压力。政府应当进一步制定和完善相关的法律、法规，确保企业可以获得一个公平有效的市场竞争环境，同时也可以为政府实行相关的政策措施提供相应的法律依据。在维护市场竞争的有效性方面，政府应当主导建立起全国统一的市场秩序，打破以往各区域之间形成的贸易保护壁垒，改变以往企业需要通过特权措施或是不正当的竞争手段来获取利益，企业应更多依靠创新的力量来提高市场竞争力，全面维护市场竞争的有序进行，切实保障企业的正当权益。

第三，要建立相应的市场激励机制，鼓励企业通过自主创新的形式，在市场机制中实现自身的经营目标。在市场中建立起有效的创新激励机制之后，就会通过市场检验的方式来测试市场创新机制，这对企业的创新会形成一种积极的导向和激励作用。

二、制造业创新与市场竞争力的互动机制

目前，我国制造业已具备相当规模，基本上形成门类齐全的体系，生产规模居世界第四位。但是我国与世界先进水平还有不小差距，虽然整体规模较大，但是量大质弱，创新能力较弱，核心技术受制于人，在国际竞争中处于不利地位；多数企业技术含量较低，低端产品所占比例较高，在国际市场上缺乏竞争力。面对变幻莫测的市场环境，提升我国制造业创新能力，提高我国制造业在国际市场的竞争力，进一步完善行业发展环境，促进我国制造业的健康快速发展，是现阶段我国政府和企业需要共同努力的方向。制造业创新能力和其市场竞争力之间存在紧密的联系，它们之间存在良性互动机制。

（一）提高制造业创新能力，有助于提升其市场竞争力

科学技术变革的加速，制造业的升级，跨国公司的强势，都将制造业创新能力的提高放在十分紧迫的位置上。科学技术变革日新月异、层出不穷，正在迅速地改变着人们的生活方式，正在有力地推动着社会的演进，也在多方面促使制造业产品的更新。制造业必须不断吸纳、融入最新的技术到自身的产品、制造、管理和服务中，才能满足用户的需求，才能赢得市场、赢得竞争。在科学技术变革的推动下，全球制造业正处于产业升级的活跃期。未来的制造业应满足小批量、多品种、质量高、成本低、研发期短、生产柔性、环境友好的要求，产品的功能特征则应是生态化、信息化、个性化和适应极限工作条件。这些，无不要求制造企业不断进行技术创新。可以说，没有技术创新，未来制造企业将难以生存。制造业创新能力的提高，有助于提升其市场竞争力。

(二) 激烈的市场竞争环境，促进制造业创新能力的提高

随着经济全球化的进一步发展，以及科学信息技术的不断进步，新型的产业得以快速发展，这就为世界经济结构的调整提供了契机，同时制造业的发展也将面临新的变革。发展中国家拥有充足的劳动力、资源成本低、市场需求巨大等多项优势，因此制造业在未来的发展中必将会向这些国家进行转移。而对于那些工业发达的国家来说，其在劳动密集型产业中已经不具备优势，因此开始转为发展那些拥有高技术、高附加值的新兴产业。但是，对于一些发展中国家来说，由于其还没有解决最基本的温饱问题，并且工业基础极为薄弱，缺乏资金的支持，因此在制造企业选择的过程中，其自身的劳动力资源优势就会被削减。还有一些国家政治局势不稳定，因此在经济的发展过程中没有足够的精力来应对。与这些国家相比较，我国在经济发展方面始终保持较快的发展势头，无论是在工业基础方面，还是在基础设施构建方面都相对完善；并且，国内社会安稳，拥有充足的资本支撑，建立有强大的工业队伍，国内市场拥有广阔的发展空间，拥有较高的国际地位。我国所具有的多项优势，使得其成为其他国家制造业转移的重点目标。在市场竞争愈加激烈的情况下，制造业必须要全面提高自身的创新能力，增加对创新的投入力度，以此才能不断满足市场需求的变化，在市场中赢得自身的竞争优势。

(三) 制造业创新与市场竞争力之间相互促进，良性互动

制造业创新能力和市场竞争力是相辅相成的，它们相互促进，共同提高。提高制造业创新能力，有利于保持其行业的市场的持续竞争力；而市场竞争力的提升，能够保障企业的经营效果，为企业不断加大创新力度提供良好的经济基础。因此，二者之间形成良好的互动机制。

第二章　技术创新驱动制造业
转型升级

知识经济时代的灵魂是创新。党的十九大召开之后，经济技术体制改革速度必将加快，技术在经济发展中的作用也将得到更加明显的体现。推动经济与技术的结合是未来我国经济发展的重要方向，也是科学技术向生产力转变的基本路径。通过引进知识、学习知识、创新应用，可以对技术进行改造与升级，以提升我国经济发展的质量。长期以来，制造业在我国经济发展中发挥的作用，我们不能忽视。当前，我国正处在经济体制改革的关键时期，各种社会问题不断浮现。经济发展的稳定性是保障我国社会主义建设事业顺利前进的基础。因此，我们必须充分重视技术手段在制造业中的应用，加快制造业的转型升级。

第一节　创新与技术创新

一、创新理论的提出

(一) 熊彼特创新理论

熊彼特(Joseph Alois Schumpeter)是美国的经济学家。1991 年他在《经济发展理论》一书中，对创新进行了深入的分析与研究，并对创新的概念进行了定义。熊彼得在提出创新这个概念之后，在不同的场合与文章中多次运用，并在其之后出版的书中对创新的理论体系进行了详细的论述，对后来的创新研究产生了深刻的影响。熊彼特(1990)认为：创新就是要"建立一种新的生产函数"。我们知道，在生产当中，生产要素与生产条件是必不可少的两个要素。在熊彼特的理论中，创新就是对生产要素与生产条件进行重新排列与组合，通过这种改变达到提高生产成果的目的。熊彼特认为，在生产要素与生产条件的组合过程中，可以通过不同的方式来进行，总结起来主要有以下三个：

第一，引进新的产品。引进新产品能够刺激生产条件的变化及生产技术的提高，使用一种必要的创新手段。

第二，使用新的生产方法。新生产方法的使用，使得生产的过程被改变，也使得产品的品质发生变化。当然，新的生产方法不一定会比原来的优秀，因为有些新方法的施行并不属于创新。

第三，开辟新的商品市场。在市场经济条件下，市场决定了企业的生产方向。如果企业脱离市场，就会被淘汰，面临倒闭的境遇。因此，在创新时，为了提高创新的动力，可以通过新市场的开辟来为企业发展提供挑战与机遇，促进创新的形成。

通过上面的介绍，我们可以对熊彼得的观点进行如下剖析：

第一，创新并不是一种独立存在的事物。创新产生于生产的过程当中，并不是环境或者人为添加的。因此，创新实际上是一种内部要素相互作用产生的结果，会导致原本的结果发生变化。

第二，创新即是新生，也是"毁灭"。历史的车轮滚滚向前，落后的、陈旧的事物必然会被时间所淘汰，而摧毁旧事物最直接的要素就是新事物。从这个层面上来说，创新会加速新事物出现的过程，新事物出现并逐渐适应当前的社会环境，最终摧毁旧事物。

第三，创新必须能够创造出新价值。创新的目的是改善企业生产与经营，通过产品以及经营的改善与提升，能够达到增加盈利与价值的目的。此外，创新的技术与管理方法必须具有切实的可行性。只有这样，才能保证创新价值的实现，从而达到相应的目的。

第四，企业家是企业的经营者与管理者，从创新的角度来说也是创新工作的最终的受益人，因此大多数企业家都是创新最初的推动者。从某方面来说，如果企业家不积极推动创新工作，很可能会对自身企业的未来发展造成很大的影响。

(二) 彼得·德鲁克创新理论

20 世纪 50 年代，是美国经济管理相对发达的时期。德鲁克是现代管理学的奠基人之一，有着现代管理学之父的美誉。在熊彼得的创新理论基础之上，结合自己的经济学研究，德鲁克对创新的定义进行了重新阐述。简单地说，德鲁克对创新的定义就是"知识生产新知识"的过程。这一阐述将创新的定义进行了拓展，创新不再局限于技术领域，管理创新以及其他生产与经营领域的创新也被纳入创新体系。从创新的难度层面来说，社会创新(管理、体制、组织结构等创新) 的难度要大于技术创新。因为技术作为一种有标准的事物，可以进行定量的研究，并从分析中找到创新的切入点；社会创新是一种更加广泛意义上的创新，它涵盖的内容更加多样，对社会和经济的价值也并不弱于技术创新。德鲁克(1987)对日本经济发展进行评价时说："日本明治维新以来经济快速崛起的原因正是由于高效率的社会创新。"可见社会创新的价值与意义。

二、技术创新的概念及影响因素

技术创新，顾名思义就是技术上的创新。无论是开发新技术，还是对现有的技术进行改造与升级，都属于技术创新的范畴。科学是技术应用的基础。所有技术的创新，都是以科学规律为基础进行的。因此，制造业的创新也应该充分尊重科学知识的力量。

无论是从宏观层面来说，还是从微观层面来说，对技术创新造成影响的因素很多。这里，我们对下面几种进行分析。

(一) 政策和制度

政策与制度对创新的影响体现在很多方面，并且行业不同、政策对创新的影响也体现出不同的特点。这里，我们总结国内一些学者对这些问题的研究与分析：

盛亚、孔莎莎(2012)，他们以知识产权政策为切入点，将其对企业的技术创新以及企业绩效进行了分析，表明政策对技术创新的绩效、成果及动机具有影响。

马富萍、茶娜(2012)，他们对 200 多家企业进行调查后发现，具有强制作用的环境规制对于技术创新的影响，得出结论——消极性政策会阻碍创新，鼓励性政策能够激发创新动力。

范群林、邵云飞、唐小我(2013)，他们主要从环境政策角度对企业的创新影响进行分析与研究。这里的环境，主要是从生态政策来考虑。结果表明，在生态政策约束下，企业的责任感是影响创新效率的主要因素。

王文普、陈斌(2013)，通过对企业污染的控制政策来对企业的创新进行评估。他们的研究表明，仅靠严厉的控制很难刺激企业创新，适当的鼓励政策应当被运用到创新当中。

杨杨、曹玲燕、杜剑(2013)，他们以上市企业的眼光对企业的创新活动进行分析。结果表明，上市企业基于获取更多利润的目标，创新最容易受到影响的要素是税收优惠。

李苗苗、肖洪钧、傅吉新(2014)，通过数据对比与分析得出，区域产业的创新最主要的决定新因素是财政的投入与鼓励，因为很多制造企业并没有实力投入过多的资金用于技术创新。

(二) 研发投入

对于研发投入的分析，我们也可以通过上面的方法来进行，证明研发资金对于创新影响的重要程度：

赵建英(2010) 通过对国有企业、私营企业及合资企业对于创新意愿与创新投入的对比，得出了结论：无论哪种企业，资金的投入对于创新活动具有基础性的作用，一般国有企业创新投入比较大，并且取得了相对较好的创新效果。

王税淇、彭良涛、蒋宁(2010)，他们主要研究区域技术创新的主要影响因素，结果表明：区域内研究机构与高校在创新上的投入，对于区域创新的影响并不明显；但创新人才数量的增多，在各个领域的生产与经营中对其所在领域进行的创新，则更为实用。

刘秀玲(2011)通过对进出口贸易企业的研究发现，他们的创新欲望及创新活动是较为强烈的。因为国外市场对产品品质与技术含量的要求相对较高，并且创新能够帮助他们获取更多的利润。

胡义东、仲伟俊(2011)通过对江苏 1500 多家高新技术产业领域的企业进行调查发现，这些企业研究经费的比例非常高，并且创新成效明显，行业利润水平也处于前列。

杜志雄、肖卫东(2012)对制造企业的创新活动进行分析，发现制造企业由于资金存量不足，大多数不会投入科研经费，创新主要是市场变化引起的被动创新。

王群伟、杭叶、于贝贝(2013)从新能源企业的视角，对企业创新活动的影响要素进行分析，结果表明，在新能源领域对创新活动影响最大的因素有两个，一个是科研经费，一个是科研人才。

许培源、张华(2014)对福建省的技术创新影响要素进行了分析，从宏观视角得出了资本存量以及财政支出对于创新影响的重要作用。

(三) 国际贸易

大量的研究表明，国际贸易是促进企业创新的一个重要因素；少数研究表明，由于经营层面、企业规模、人才储备、技术积累等因素的影响，仅靠投入资金，很难对企业创新造成影响。这里，我们通过对一些学者的研究进行整理，来对这个问题进行说明：

毛其淋(2010)通过对进出口企业的长期分析与跟踪调查，发现国际贸易对于促进国内企业的技术创新具有比较大的影响，企业很多生产技术因为国际标准而进行了提升。

王税淇、彭良涛和蒋宁(2010) 分析对比不同企业的创新影响要素，说明了国际贸易对企业技术创新能够发挥正面的影响，促进国内企业各项技术标准的提升。

刘秀玲(2011)、曹玉平(2012) 的研究均表明，出口额越大的企业对于创新的重视程度越高，企业创新的动力与成果也越显著。

郄萌、韩树政(2013) 发现，企业从事对外出口业务时间越长，业务量越大，对创新的认同感越强，从而得出企业进出口贸易对企业的创新活动具有较大影响的结论。

许培源、张华(2014) 发现，通过对福建企业的进出口贸易进行分析，得出了国际贸易对福建企业创新具有积极影响的结论。

李平、田朔、刘延华(2014) 从贸易壁垒的角度入手，对进出口贸易影响创新的命题进行分析。研究表明，关税壁垒对于企业创新的影响不大，而非关税层面的壁垒往往能够刺激企业的创新行为。

余官胜(2011) 通过数据分析与模型构建，对进出口贸易与技术创新之间存在的逻辑关系进行了梳理。结论表明，任何进出口贸易都能对企业的创新产生一定的影响。

郭艳、张群和吴石磊(2013) 认为，我国企业规模参差不齐，行业技术水平差异很大，因此从国际贸易中吸收溢出技术的空间不大。

顾晓燕和刘丽(2014) 研究的着眼点是高新技术产业，作为技术创新最为密集的行业，在国际贸易中总能够通过产品启发、市场需求等要素促进创新活动的进行。

（四）外商直接投资

外商直接投资(Foreign Direct Investment，FDI) 对于技术创新会造成影响，但是对于技术出口国来说这种作用并不明显。对我国来说，普遍认识有以下几种典型观点：

王税淇、彭良涛、蒋宁(2010) 对 FDI 对于技术创新的影响进行了深入分析，他们的研究结果表明，FDI 无论对企业的技术创新，还是对区域产业的技术创业，都具有积极的作用。

余秀江等(2010) 对 FDI 对我国的技术创新的影响进行分析，总结了 FDI 对产业创新的作用机制，短期会对创新行为造成一定的阻碍，但长远来看促进作用更加明显。

温丽琴、卢进勇、马锦忠(2012) 通过数据的分析与对比，表明了 FDI 对促进我国高新技术产业的技术创新具有积极的意义。

林进智、郑伟民(2013) 通过对 2000－2012 年我国通信行业的发展规划进行分析，表明了 FDI 对我国内资企业的技术创新与升级的积极作用。

熊珍琴、肖新成(2013) 通过对中部地区的经济数据及企业状况进行分析，表明了 FDI 对企业创新的正负影响关系，得出 FDI 对总体创新具有正向的研究影响作用。

叶娇、王佳林(2014) 以我国吸收外资最多的江苏省为例，对其进行了分析，得出了 FDI 对技术创新的积极影响。

张娜、杨秀云、李小光(2015) 的研究结果表明，外商的直接投资会带来新的经营理念，对企业的技术创新具有积极的作用。

王千里(2012) 考察了 FDI 对我国技术制造业创新的影响，并对各种影响因素进行评估，结果表明，FDI 对我国制造业技术创新的影响主要通过三个方面实现：①FDI 带来新的管理理念，创新投入增加；②FDI 改善了企业组织结构，技术研发部门重要性更加突出；③FDI 带来了大量的高端人才，无论在技术创新还是社会创新方面，都发挥了很大的作用。

第二节 技术创新的影响要素及其对制造业发展的推动作用

党的十八大报告提出，要深化科技体制改革。其具体政策是，在经济发展的同时，要与科技的发展紧密结合，推动创新机制的产生，引进消化吸收再创新的机制，注重将产、学、研充分结合，在国家发展全面布局的过程中，将科技创新放在首要的位置。我国在长期的发展过程中，始终依靠的是制造业的发展，对经济的拉动起到了重要的作用。当前，随着经济全球化的不断发展，我国制造业的发展也遇到了多方面的阻碍。当前，我国处在经济转型升级的关键时期，人口红利逐渐减少，资源环境压力不断加大，唯有提高企业科技创新能力，探索出与我国社会制度及经济发展状况相适应的科技创新道路，制造业才能健康快速发展，实现产业的转型升级。

一、行业维度制造业技术创新的影响因素

王千里(2012) 对 FDI 的影响进行了深入的观察与分析，通过数据的归纳与整理，阐明了中国装备制造业技术对创新的影响作用。结果表明，FDI 在行业中的投入与创新成果并不存在直接的正向关系，但 FDI 投资对企业创新活动的开展具有重要的促进作用。

王俊(2013) 通过对我国制造业领域的企业进行样本分析，严谨地对我国行业内部 R&D 投入及跨国外包 R&D 溢出对技术创新的影响进行了分析与论证。通过数据分析与计算，得出了一个明确的结论：行业内 R&D 投入对于制造业技术的引进以及原有技术的升级改造，具有重要的促进作用。这也说明，无论是直接从外部引进技术，还是自己进行技术研发与升级，都离不开资金的支持。

智强、苏竣、汝鹏、张芳(2013) 对我国制造业领域的某些行业进行分析与调查，并以此为例对政策引导下的制造企业创新生产技术与生产模式的变化进行分析。他们的研究表明，企业的创新是一个不断重复进行的过程,具有较强的积累性与长期性，创新投入能够马上收到效果的可能性比较小。从我国制造企业创新的发展历程来看，我们将其归纳为"封闭式自主研发—模仿创新—合作创新—开放式自主创新"模式。这个过程随着经济发展水平的提升而向前进行，作为推动社

会进步的重要力量发挥着重要的作用。

欧绍华、胡玉松(2015) 对我国制造业技术创新的动力要素进行了深入的分析与研究，并对不同要素之间的关系进行了厘定。他们发现，政府的政策引导、创新的人才支持、行业的技术标准更新速度，以及企业的市场定位与发展策略，对制造业企业技术创新的影响最大。

周霄雪、王永进(2015) 对我国跨国性的制造企业的创新进行了分析，并专门对国内市场与技术创新的关系进行了深入的分析与研究。跨国性的制造企业对国内市场的依赖程度取决于其市场布局：很多将未来发展中心放在国内的企业，国内市场的需求对其创新的行为具有很大的影响；如果企业未来的发展目标是在国际市场占据一席之地，那么国内市场的需求对创新活动的影响相对较小，国际市场则是企业创新考虑的主要因素。

蒋兰陵(2013) 对 30 多家企业的各项数据进行了分析，对 FDI 在四种不同类型企业中对技术创新的影响进行了研究。这些企业包括国有企业、集体企业、私营企业及外资企业。他的研究结果表明，FDI 的技术外溢与带动作用并不是在所有的情况下都能够得到充分的体现与发挥，因此在评估 FDI 对企业创新的影响是应该分情况对待。

综合所述，就目前来说，很多制造业企业在进行技术创新时，会受到某些因素的限制，也会受到某些因素的鼓励与刺激。因此，我们要秉承一颗与时俱进的心，坚持利用马克思主义指导，分情况、按类别对现有的制造业企业的创新工作进行管理与指导，扎实推进企业工作的进行。

二、区域维度制造业技术创新的影响因素

如果我们从区域维度对创新的影响要素进行讨论，可以从不同的切入点来分析这个问题。这里，我们通过不同学者的阐述，来对区域维度下影响企业创新的要素进行分析。

杨飞(2013) 对我国 31 个地区的制造业企业数据进行了搜集与整理,通过数据的对比、观察与分析,对区域视角下制造业企业技术创新的影响工作进行了分析与研究。结果表明,在区域视角下对创新影响较大的因素包括:知识产权制度、金融市场的活跃程度、区域人才培养与供给这三个要素会对企业的创新活动造成影响。

杨以文(2013) 对我国长三角地区的制造企业进行了走访与调查,对代工、生产企业的创新进行分析。他的研究结果表明,代工企业在代理生产或者加工期间,能够逐渐提升他们对高性能产品的认识,并改造生产线,实现技术的升级换代,促进企业的发展。

苏屹和姜雪松(2015) 研究发现,我国不同地区企业的创新欲望与创新能力存在比较大的差异。就目前的状况来看,沿海地区的创新欲望与创新能力相对较强,尤其是形成了北京、上海、广东、山东等沿海地区为创新龙头的创业团队,这些地区企业在创新中的投入高于其他地区。

从上述中可以看出,对于技术创新的影响要素出现了各种各样的说法,我们可以从丰富的文献资料中获得。但从现实角度来说,我国很多企业对创新仍然没有足够的认识,创新的理念还未形成。因此,我们加强创新意识与创新理念的推广,促进企业创新活动的进行。

三、技术创新对制造业发展的推动作用

(一) 行业维度技术创新对制造业发展的推动

1. 制造业各行业技术创新的投入现状

本书的分析与研究主要通过对各行业 R&D 经费投入和研发人员投入这两个指标,对技术创新的作用进行分析与评估,并在此基础上分析与认识其对创新活动的具体影响。

首先来看 2009－2013 年各行业 R&D 经费投入情况,如表 2-1 所示。

表 2-1　2009－2013 年制造业各行业 R&D 经费投入情况

行　业	2009 年 (亿元)	2010 年 (亿元)	2011 年 (亿元)	2012 年 (亿元)	2013 年 (亿元)	增长率 (%)
农副食品加工业	52.75	47.83	92.07	135.72	172.98	37.44
食品制造业	40.28	38.87	62.61	86 86	98.53	26.08
饮料制造业	44.96	46.04	69.34	80.05	82.74	9.40
纺织业	81.17	84.64	136.02	138.03	158.49	8.15
纺织服装、服饰制造业	16.88	16.56	28.95	55.59	69 29	58.32
皮革、毛皮、羽毛(绒)及其制品业	9.87	10.35	15.44	27.44	33.89	50.61
木材加工及木、竹、藤、棕、草制品业	10.35	5.63	14.47	18.72	27.16	37.22
家具制造业	6.93	4.04	9.03	14.53	22.47	57.72
造纸及纸制品业	36.81	36.67	55.89	75.80	87.79	25.73
印刷和记录媒介复制业	10.97	10.31	19.01	24.58	30.39	26.46
文教、工美、体育和娱乐用品制造业	10.71	7.36	13.70	34.12	49.59	97.20
石油加工、炼焦及核燃料加工业	37.09	43.83	62.54	81.64	89.32	19.97
化学原料及化学制品制造业	266.31	247.53	469.92	553.60	660.37	18.55
医药制造业	134.54	122.63	211.25	283.31	347.66	28 41
化学纤维制造业	35.76	40.97	58 76	63.44	66.79	6.63
橡胶和塑料制品业	85.64	93.29	135.77	172.87	199.46	21.35
非金属矿物制品业	81.54	81.33	139.72	163 57	215.03	24.27
黑色金属冶炼及压延加工业	311.80	402.12	512.65	627.85	633.04	11.65
有色金属冶炼及压延加工业	115.06	118.86	190.19	271.15	301.11	26.81
金属制品业	65.86	61.86	111.29	187.44	230.02	45.57
通用设备制造业	272.05	237.32	406.67	474.60	547.89	16.07
专用设备制造业	250.21	234.89	365.66	424.94	512.32	18.39
交通运输设备制造业	490.22	582.20	785.25	913.36	1 052.32	15.76
电气机械及器材制造业	400.33	425.10	624.01	704.16	815.39	14.32
通信设备、计算机及其他电子设备制造业	601.13	686.26	941.05	1 064.69	1 252.50	15.39
总　计	3 482.07	3 700.31	5 547.25	6 697.87	7 778.63	18.44 (年均)

从表 2-1 可知，2009－2013 年我国制造业 R&D 经费支出总体呈上升态势。总体上看，2009－2013 年制造业 R&D 经费总支出分别为 3 482.07 亿元、3 700.31亿元、5 547.25 亿元、6 697.87 亿元和 7 778.63 亿元，年均增长率为 18.44%。从各行业来看，文教、工美体育和娱乐用品制造业 R&D 经费投入的增长率最高，为 97.20%。其次，纺织服装、服饰制造业、家具制造业、皮革、毛皮、羽毛(绒)及其制造业 R&D 经费投入增长率也很高，均在 50%以上。R&D 经费投入增长最慢的行业依次为：化学纤维制造业、纺织业、饮料制造业。这些行业 R&D 经费2012 年和 2013 年的平均增长率均不足 10%。此外，表 2-2 还分析了 2013 年制造业各行业 R&D 投入强度，以便更清晰地了解各行业技术创新投入情况。

表 2-2 显示，从总体来看，制造业平均 R&D 经费投入强度为 0.87%。只有医药制造业，计算机、通信和其他电子设备制造业，专用设备制造业，交通运输设备制造业，电气机械和器材制造业以及通用设备制造这六个行业的 R&D 经费投入强度在 1%以上。其他行业的 R&D 强度在 1%以下。特别是在农副食品加工业，皮革、毛皮、羽毛(绒)及其制品和制鞋业，木材加工和木、竹、藤、棕、草制品业，石油加工、炼焦和核燃料业加工业等行业，R&D 经费投入强度均不足 0.3%。

表 2-2　2013 年制造业各行业 R&D 经费投入强度及其排名

排名	行　业	R&D 经费内部支出(亿元)	主营业务收入(亿元)	R&D 经费投入强度(%)
1	医药制造业	347.66	20 484.22	1.70
2	计算机、通信和其他电子设备制造业	1 252.50	78 817.80	1.59
3	专用设备制造业	512.32	32 714.72	1.57
4	交通运输设备制造业	1 052.32	76 055.14	1.38
5	电气机械和器材制造业	815.39	61 553.59	1.32
6	通用设备制造业	547.89	43 575.01	1.26
7	化学纤维制造业	66.79	7 055.20	0.95
8	化学原料和化学制品制造业	660.37	76 645.34	0.86
9	黑色金属冶炼和压延加工业	633.04	76 096.64	0.83
10	橡胶和塑料制品业	199.46	27 848.79	0.72

排名	行 业	R&D 经费内部支出(亿元)	主营业务收入(亿元)	R&D 经费投入强度(%)
11	金属制品业	230.02	33 228.95	0.69
12	造纸和纸制品工业	87.79	12 891.85	0 68
13	有色金属冶炼和压延加工业	301.11	47 192.14	0.64
14	饮料制造业	82.74	15 327.37	0.54
15	食品制造业	98.53	18 546.36	0.53
16	印刷和记录媒介复制业	30.39	6 014.77	0.51
17	纺织业	158.49	36 076.62	0.44
18	非金属矿物制品业	215.03	51 967.15	0.41
19	文教、工美、体育和娱乐用品制造业	49.59	12 935.36	0.38
20	纺织服装、服饰制造业	69.29	19 454.61	0.36
21	家具制造业	22.47	6 641.74	0.34
22	农副食品加工业	172.98	60 117.42	0.29
23	皮革、毛皮、羽毛(绒)及其制品业	33.89	12 643.39	0.27
24	木材加工和木、竹、藤、棕、草制品业	27.16	12 004.82	0.23
25	石油加工、炼焦和核燃料加工业	89.32	40 980.89	0.22
	总 计	7 756.52	886 869.89	0.87(均值)

从表 2-3 可知，从总量上看，制造业研发人员投入基本呈逐年上升态势。2009－2013 年制造业研发人员投入总量分别为 130.1 万人/年、123.5 万人/年、175.0 万人/年、205.9 万人/年和 228.7 万人/年，平均增长率为 14.37%。再从分行业的角度来看，研发人员投入量最多的行业为通信设备、交通运输、电气机械等规模较大的行业，而家具制造、木材加工、印刷业等小规模行业也是制造业中研发人员投入量最少的行业。从增长率上看，文教体育用品制造业研发人员投入增长率最快，2012 年和 2013 年的平均增长率高达 73.4%；其次，纺织服装制造业、金属制品业、家具制造业、木材加工业研发人员投入的增长率也较快，都在 30%～40%，说明这些行业比较重视技术创新。相反，石油加工业、纺织业、饮料制造业的研发人员投入增长率不足 4%，可以说增长非常缓慢。其余大部分行业研发人员投入

的增长率在 10%～20%。

表 2-3　2009－2013 年制造业各行业研发人员投入情况

行　业	2009 年 (人)	2010 年 (人)	2011 年 (人)	2012 年 (人)	2013 年 (人)	增长率 (%)
农副食品加工业	17 876	13 362	25 154	30 426	38 162	23.19
食品制造业	14 529	11 010	19 564	23 471	27 389	18.33
饮料制造业	16 522	13 803	20 013	22 728	21 113	3.23
纺织业	37 106	33 367	50 863	48 353	53 289	2.64
纺织服装、服饰制造业	9 079	7 422	17 248	30 632	34 322	44.83
皮革、毛皮、羽毛(绒) 及其制品业	5 141	4 908	7 960	11 580	13 532	31.17
木材加工及木、竹、藤、 棕、草制品业	3 605	1 454	4 634	6 765	8 208	33.66
家具制造业	3 194	2 252	4 960	7 599	9 383	38.34
造纸及纸制品业	11 147	9 283	15 258	17 970	20 557	16.09
印刷和记录媒介复制业	5 170	5 216	8 156	9 364	11 363	18 08
文教、工美、体育和娱乐用品 制造业	6 580	3 823	7 863	18 269	20 909	73.40
石油加工、炼焦及核燃料 加工业	10 201	11 560	13 638	15 550	13 993	2.00
化学原料及化学制品制造业	102 302	77 221	132 036	150 192	170 087	13.50
医药制造业	70 065	55 234	93 467	106 685	123 200	14.81
化学纤维制造业	10 086	11 248	14 445	14 806	16 563	7.18
橡胶和塑料制品业	32 128	36 084	46 666	62 686	64 068	18.27
非金属矿物制品业	39 833	30 460	53 107	59 216	73 646	17.94
黑色金属冶炼及压延加工业	62 453	68 282	81 788	100 753	107 190	14.79
有色金属冶炼及压延加工业	34 016	30 745	44 746	55 169	57 560	13.81
金属制品业	32 046	26 406	40 167	65 665	79 315	42.13
通用设备制造业	118 017	98 090	154 694	173 046	191 916	11.38
专用设备制造业	106 612	86 738	146 529	156 516	178 461	10.42
交通运输设备制造业	159 609	176 921	220 087	260 631	301 551	17.06
电气机械及器材制造业	142 852	137 965	205 275	225 983	255 835	11.65
通信设备、计算机及其他 电子设备制造业	246 701	278 583	318 018	380 497	390 977	11.20
总　计	1 301 063	1 235 466	1 749 818	2 058 678	2 286 834	14.37 (均值)

2. 各行业技术创新对制造业的推动

本书用制造业各行业新产品销售收入和各行业专利申请数量这两项指标，来衡量各行业技术创新对制造业的巨大推动作用。

1) 各行业新产品销售收入增长

新产品产值是衡量一个行业技术创新产出的重要指标。由于现有年鉴资料缺乏制造业各行业新产品产值数据，故用新产品销售收入来代替。如表 2-4 所示，2013 年新产品销售收入总值为 121 949.7 亿元，同比增长 18.7%。另通过计算可知，2009－2013 年，制造业新产品销售收入占制造业总销售收入的比例分别为 13.9%、20.5%，14.4%，14.4%，15.0%。

表 2-4　2009－2013 年制造业各行业新产品销售收入

单位：亿元

行业名称	2009 年	2010 年	2011 年	2012 年	2013 年
农副食品加工业	972.7	722.4	1 257.5	1680.4	1758.0
食品制造业	576.0	571.7	620.8	752.8	961.4
饮料制造业	540.8	566.1	728.9	975.3	1033.3
纺织业	1 789.0	2 167.3	2 698 8	2893.5	3483.6
纺织服装、服饰制造业	507.3	475.5	766.3	1175.2	1354.7
皮革、毛皮、羽毛(绒) 及其制品业	320.4	293.4	477.8	563.4	663.4
木材加工及木、竹、藤、棕、草制品业	233.5	165.7	233.1	299.3	308.2
家具制造业	148.9	124 0	245.5	275.5	368.6
造纸及纸制品业	632.1	678.1	955.7	1072.1	1346.9
印刷和记录媒介复制业	170.6	155.4	272.6	358.5	425.5
文教、工美、体育和娱乐用品制造业	150.5	112.2	195.7	544.5	804.8
石油加工、炼焦及核燃料加工业	650.1	664.1	855.0	1267.5	1999.4

续表

行业名称	2009 年	2010 年	2011 年	2012 年	2013 年
化学原料及化学制品制造业	3 678.9	3 133.8	5 426.7	6919.9	8303.1
医药制造业	1 592.5	1 622.9	2 189.4	2763.3	3382.6
化学纤维制造业	774.9	597.4	1 004.3	1278.7	1402.6
橡胶和塑料制品业	1 346.1	1 275.1	1 825.1	2129.2	2711.0
非金属矿物制品业	1 151.1	1 006.4	1 329.9	1656.2	2262.0
黑色金属冶炼及压延加工业	4 895.9	5 304.6	5 795.7	7198.9	8062.8
有色金属冶炼及压延加工业	1 646.6	1 871.8	2 574.6	3 236.3	4 448.2
金属制品业	1 009.6	904 4	1 468.9	2 258.3	2 640.2
通用设备制造业	3 999.8	3 995.1	5 769.8	6 117.9	7 164.2
专用设备制造业	3 066 6	3 191.5	4 360.8	5 027.5	5 711.3
交通运输设备制造业	15 006.4	17 060.2	19 950.7	18 964.8	19 946.1
电气机械及器材制造业	6 922.9	8 366.7	10 337.1	11 370.1	13 576.7
通信设备、计算机及其他电子设备制造业	10 945.7	13 594.6	18 862.7	20 603.2	26 278.7
总 计	63 489 6	69 418.4	91 685.3	102 737.6	121 949.7

另外，从制造业各行业新产品销售收入占总销售收入的比例来看，2012 年和 2013 年，各行业新产品销售收入占总销售收入比例的排序变化较小，如表 2-5 所示。从各行业新产品销售收入占总销售收入的比例情况来看，交通运输设备制造业的比例最大，2012 年和 2013 年的比值分别为 28.70%，33.88%；其次是通信设备、计算机及其他电子设备制造业，2012 年和 2013 年的比值分别是 28.02%，30.85%；此外，化学纤维制造业和电气机械及器材制造业的比例也均在 20% 以上，说明这些行业的技术创新能力较强。从占比排序靠后的行业来看，2012 年和 2013 年木材加工及木、竹、藤、棕、草制品业均排在最后，说明这些行业的技术创新能力最低。另外，技术创新能力较低的还有农副食品加工业、非金属矿物制品业、石油加工、炼焦及核燃料加工业、家具制造业、食品制造业等行业。

表 2-5　各行业新产品销售收入占制造业总销售收入的比例及排名

行业名称	2012 年占比(%)	排名	2013 年占比(%)	排名
交通运输设备制造业	28.70	1	33.88	1
通信设备、计算机及其他电子设备制造业	28.02	2	30.85	2
化学纤维制造业	21.76	3	22.56	4
电气机械及器材制造业	21.76	4	21.64	3
专用设备制造业	18.22	5	18.24	5
医药制造业	17.29	6	17.92	6
通用设备制造业	16.60	7	16.78	7
化学原料及化学制品制造业	11.85	8	12.17	9
黑色金属冶炼及压延加工业	11.14	9	12.06	11
有色金属冶炼及压延加工业	10.63	10	11.43	8
纺织业	10.61	11	11.04	10
橡胶和塑料制品业	9.63	12	10.65	13
造纸及纸制品业	8.96	13	10.61	12
金属制品业	8.18	14	8.20	14
印刷和记录媒介复制业	8.14	15	7.62	17
饮料制造业	8 08	16	7.48	16
纺织服装、服饰制造业	7.36	17	7.19	15
文教、工美、体育和娱乐用品制造业	5.85	18	6.87	18
皮革、毛皮、羽毛(绒) 及其制品业	5.50	19	6.59	19
食品制造业	5.42	20	6.08	20
家具制造业	5.15	21	5.91	21
石油加工、炼焦及核燃料加工业	4.46	22	5.90	22
非金属矿物制品业	4.04	23	4.61	23
农副食品加工业	3.88	24	3.56	24
木材加工及木、竹、藤、棕、草制品业	3.14	25	2.78	25

2) 制造业各业专利申请数量

专利申请数量同样是衡量技术创新产出的一项重要指标。本书整理了制造业各行业 2009—2013 年的专利申请数量，如表 2-6 所示。

表 2-6 2009－2013 年制造业各行业专利申请数量

单位：件

行业名称	2009 年	2010 年	2011 年	2012 年	2013 年
农副食品加工业	3 068	1 908	4 350	5 927	7 344
食品制造业	3 220	1 875	3 870	4 716	5 421
饮料制造业	2 397	1 961	2 174	3 699	3 863
纺织业	8 826	6 388	12 711	12 082	11 457
纺织服装、服饰制造业	2 351	1 907	3 565	6 951	6 347
皮革、毛皮、羽毛(绒) 及其制品业	1 533	1 003	2 008	3 247	3 538
木材加工及木、竹、藤、棕、草制品业	1 758	594	1 914	2 442	2 603
家具制造业	2 557	1 581	3 298	3 897	4 826
造纸及纸制品业	1 255	1 247	2 243	3 445	3 278
印刷和记录媒介复制业	1 486	521	1 281	1 970	2 867
文教、工美、体育和娱乐用品制造业	4 175	1 995	4 463	9 050	10 885
石油加工、炼焦及核燃料加工业	595	558	1 055	1 441	1 600
化学原料及化学制品制造业	12 081	5 743	18 436	23 143	27 165
医药制造业	8 601	5 767	11 115	14 976	17 124
化学纤维制造业	904	1 609	2 231	2 142	3 177
橡胶和塑料制品业	8 058	4 311	10 549	12 651	15 427
非金属矿物制品业	8 789	5 192	9 136	11 711	15 369
黑色金属冶炼及压延加工业	5 295	5 813	8 381	12 112	13 874
有色金属冶炼及压延加工业	4 457	3 335	6 519	8 026	9 022
金属制品业	8 849	5 355	12 699	16 722	18 318
通用设备制造业	23 070	13 922	33 060	42 136	49 305
专用设备制造业	21 629	13 467	32 022	43 050	53 037
交通运输设备制造业	23 969	23 700	38 829	47 433	57 377
电气机械及器材制造业	36 576	28 978	57 713	74 811	78 154
通信设备、计算机及其他电子设备制造业	49 225	46 209	71 890	82 406	88 960
总　计	245 390	185 705	356 657	451 767	512 972

表 2-6 显示，2009 年制造业专利申请总数为 245 390 件，2013 年这一数值升至 512 972 件，即在 2009 年的基础上翻了一番。在 26 个行业中，通信设备、计

算机及其他电子设备制造业的专利申请数量最多，2009－2013 年，其占整个制造业专利申请数量分别为 20.06%，24.88%，20.16%，18.24%和 17.34%。其次是电气机械及器材制造业，2009－2013 年其专利申请数占整个制造业的比例分别为 14.91%，15.60%，16.18%，16.56%，15.24%。此外，通用设备制造业、专用设备制造业以及交通运输设备制造业的专利申请数占比也都在 10%左右，说明这些行业的技术创新也较强。相反，也有很多行业的专利申请数量较少，占整个制造业专利申请总数的比例不足 1%，如饮料制造业，纺织服装、服饰制造业，家具制造业，石油加工、炼焦及核燃料加工业等，说明这些行业的技术创新能力较低。其中，石油加工、炼焦及核燃料加工业的专利申请数最少，2009－2013 年分别为 595件、558 件、1 055 件、1 441 件和 1 600 件，占整个行业的比例分别为 0.24%，0.30%，0.30%，0.32%，0.31%。

从上面的分析可以得知，基于新产品销售收入和专利申请数量得出的各行业技术创新能力的判断基本一致。技术创新能力强的行业，其新产品销售收入占总销售收入的比例大，专利申请数量也多；相反，技术创新能力弱的行业，其新产品销售收入占总销售收入的比例小，专利申请数量也少。

(二) 区域维度技术创新对制造业发展的推动

1. 区域维度制造业技术创新投入现状分析

制造业在我国的分布主要集中在东部地区；西部地区由于经济基础比较差，基础设施建设相对滞后，制造企业分布较少；中部地区处于东部地区与西部地区之间，是我国制造企业自东向西分布由密集转为稀疏的过渡地带。东部、中部及西部地区在我国制造业数量的占比分别为 64.91%，22.71%，12.38%。我们可以从这一组数据中看到东西部制造业分布的巨大差距。

表 2-7 所示为各地区制造业 R&D 经费投入的绝对值，广东、江苏、山东、浙江、上海等省份，近几年来 R&D 经费投入相对较多，而吉林、黑龙江、江西、陕西等省份 R&D 经费投入则相对较少。从 R&D 经费投入的增长率来看，大部分

省份 2010-2013 年均超过了 20%，且整体均值也超过了 20%，为 22.18%，说明所选地区均比较重视制造业研发经费的投入。

表 2-7　样本地区 2009-2013 年制造业 R&D 经费投入情况

地区	2009 年 (亿元)	2010 年 (亿元)	2011 年 (亿元)	2012 年 (亿元)	2013 年 (亿元)	年均增长率 (%)
北京	108.22	126.95	157.93	188.10	203.51	17.25
天津	107.72	120.09	199.86	243.33	287.69	29.47
河北	82.43	101.35	140.43	177.70	235.48	30.14
辽宁	152.50	191.34	274.71	289.46	333.13	22.37
吉林	30.08	36.31	42.11	56.07	64.35	21.15
黑龙江	58.64	72.85	83.80	90.62	95.03	13.07
上海	259.94	274.05	343.76	371.51	404.74	11.97
江苏	561.18	686.36	814.37	1030.42	1152.00	19.82
浙江	330.10	407.43	479.91	588.61	684.36	20.03
安徽	90.77	104.02	98.48	94.35	118.90	7.77
福建	114.43	116.12	194.40	238.17	279.20	27.16
江西	55.65	58.94	66.71	91.60	110.64	19.30
山东	420.04	537.84	672.67	823.21	967.88	23.27
河南	106.52	142.11	181.77	217.55	263.00	25.47
湖北	104.12	156.19	205.98	261.97	310.65	31.91
湖南	107.84	139.68	179.08	229.09	267.41	25.60
广东	552.37	703.68	899.44	1077.86	1237.48	22.46
重庆	52.19	71.27	92.95	115.25	136.85	27.43
陕西	53.46	69.83	89.55	111.89	133.82	25.85

　　结合各地区制造业 R&D 经费投入强度排序可以看出，排序靠前的北京、广东、天津、上海、浙江、陕西六省 R&D 经费占主营业务收入的比例均超过了 1%；而排序靠后的河南、江西、安徽、吉林四省，这一比例则不足 0.6%，如表 2-8 所示。

表 2-8　2013 年样本地区制造业 R&D 经费投入强度排名

排名	地区	R&D 经费投入 (亿元)	主营业务收入 (亿元)	R&D 经费占主营 业务收入比例(%)
1	北京	203.51	13 270.94	1.53
2	广东	1237.48	98 388.86	1.26
3	天津	287.69	23 058.70	1.25
4	上海	404.74	33 224.69	1.22
5	浙江	684.36	56 460.41	1.21
6	陕西	133.82	12 504.95	1.07
7	黑龙江	95.03	9 613.35	0.99
8	重庆	136.85	14 273.56	0.96
9	湖南	267.41	28 443.05	0.94
10	福建	279.20	30 525.26	0.91
11	江苏	1152.00	127 891.17	0.90
12	湖北	310.65	35 230.27	0.88
13	山东	967.88	120 116.17	0.81
14	辽宁	333.13	46 088.93	0.72
15	河北	235.48	38 115.19	0.62
16	河南	263.00	51 629.66	0.51
17	江西	110.64	24 936.68	0.44
18	安徽	118.90	29 117.00	0.41
19	吉林	64.35	19 893.81	0.32

　　从各地区 2009－2013 年制造业研发人员投入情况来看,总体上投入呈上升趋势,如表 2-9 所示。从各地区 2010－2013 年投入的年均增长率来看,陕西、福建、天津、安徽、河南的年均增长率均超过了 20%,且整体均值为 16.49%。说明这几年各地区均比较重视研发人员的投入。再结合图 2-1 可以看出,2013 年广东、江苏、浙江、山东、河南等省份的研发人员全时当量均超过 200 000 人/年,这些制造业大省研发人员投入相对来说也较多;而吉林、江西、重庆、黑龙江、陕西、北京等制造业发展相对较落后的地区研发人员投入较少。

表 2-9　2009—2013 年样本地区制造业研发人员全时当量情况

地区	2009 年（人）	2010 年（人）	2011 年（人）	2012 年（人）	2013 年（人）	年均增长率(%)
北京	39 881	39 775	47 030	49 616	54 161	8.16
天津	27 434	32 429	44 858	57 431	65 225	24.53
河北	32 243	36 463	46 433	47 099	61 046	17.87
辽宁	47 818	44 424	47 513	52 064	59 090	5.73
吉林	13 352	20 428	14 697	21 653	21 604	18.01
黑龙江	30 087	32 467	39 661	36 256	37 296	6.09
上海	68 800	69 077	79 147	82 355	92 136	7.73
江苏	222 360	231 161	287 447	342 262	393 942	15.62
浙江	150 613	176 905	203 904	228 618	263 507	15.02
安徽	37 375	39 206	50 836	65 654	77 203	20.33
福建	46 394	44 062	75 503	90 280	100 200	24.22
江西	17 307	18 561	20 636	23 877	29 519	14.44
山东	116 861	131 931	163 721	188 070	210 236	15.91
河南	52 386	64 618	80 315	90 477	108 824	20.14
湖北	38 087	43 088	54 608	67 532	77 371	19.53
湖南	36 955	46 468	56 163	68 416	72 312	18.53
广东	228 780	258 943	346 260	424 563	426 330	17.48
重庆	20 692	23 770	26 799	30 972	35 687	14.60
陕西	13 558	17 995	23 789	30 449	37 901	29.35

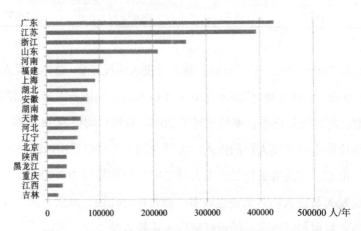

图 2-1　2013 年样本地区制造业研发人员全时当量排序

2. 各地区技术创新对制造业的推动

各地区制造业技术创新产出可以用各地区制造业新产品销售收入和各地区制造业专利申请情况来衡量。

1) 各地区制造业新产品销售收入情况

结合表 2-10 和图 2-2 可知，总体上看，2009－2013 年样本地区制造业新产品销售收入呈上升趋势。图 2-2 显示，江苏、广东、浙江、山东、上海五省制造业新产品销售收入明显高于其他省份。2011－2013 年江苏省稳居制造业新产品销售收入第一的位置，其次是广东省。2009－2012 年山东省制造业新产品销售收入均居于浙江省之上。而在 2013 年，浙江制造业新产品销售收入超过了山东，成为仅次于江苏和广东的制造业新产品销售收入排名第三的省份。此外，上述五省制造业新产品销售收入占其余制造业新产品销售收入的比例高达 60.95%，这说明我国制造业技术创新主要集中在这几个省份。

表 2-10　样本地区 2009—2013 年制造业新产品销售收入

单位：亿元

地区	2009 年	2010 年	2011 年	2012 年	2013 年
北京	2 491.8167	2 997.6497	3 005.8281	2 851.1621	3 300.2187
天津	2 907.1117	3 170.4983	3 831.1400	4 460.1000	5 569.6900
河北	1 163.4045	1 385.7108	1 899.2289	2 457.6632	2 916.0256
辽宁	2 372.3459	2 161.0398	2 959.9589	3 193.6021	4 093.1774
吉林	2 879.7968	1 789.7117	2 386.7915	2 143.4296	2 738.2109
黑龙江	491.1381	551.9335	558.6813	565.5068	582.5023
上海	5 442.7300	6 543.0700	7 772.2000	7 399.9100	7 688.3800
江苏	10 015.6458	9 378.2085	14 842.1107	17 845.4188	19 714.2112
浙江	6 348.6000	8 352.5000	10 049.4000	11 284.0000	14 882.1000
安徽	1 533.3831	1 997.1178	2 779.2518	3 731.8538	4 379.0809
福建	1 767.4924	1 985.3442	3 113.8914	3 291.1524	3 440.0997
江西	509.4716	797.9111	941.8710	1 287.1344	1 682.9309
山东	7 191.9279	8 905.6730	11 184.4081	12 434.9096	13 786.6038
河南	1 282.3545	1 671.8892	2 498.2842	2 544.6694	4 748.9783

续表

地区	2009 年	2010 年	2011 年	2012 年	2013 年
湖北	1 659.0385	2 538.1185	3 010.8188	3 695.6866	4 653.1223
湖南	1 920.4931	2 859.4721	3 759.2835	4 698.2468	5 672.1017
广东	8 295.5488	11 872.2900	14 382 2735	15 402.8477	18 013.7410
重庆	1 688.9747	2 478.0319	3 026.9391	2 425.5924	2 687.6086
陕西	693.2868	824.6332	959.3547	868.7917	999.5014

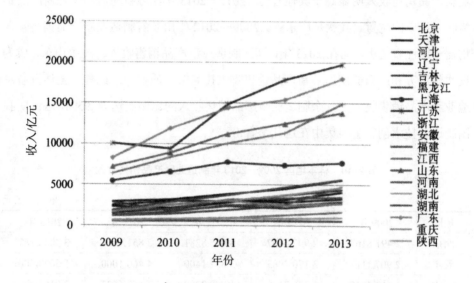

图 2-2　2009－2013 年样本地区制造业新产品销售收入变化趋势

　　再从相对值来看，从表 2-11 可知，浙江、北京、天津、上海四省份制造业新产品销售收入占主营业务收入的比例均在 20% 以上，湖南、广东、重庆也接近 20%，而河北、黑龙江、江西、陕西则不足 8%。

表 2-11　2013 年样本地区新产品销售收入占主营业务收入的比例

地区	新产品销售收入 (亿元)	主营、业务收入 (亿元)	新产品销售收入占主营业务 收入的比例(%)
北京	3 300.22	13 270.94	24.87
天津	5 569.69	23 058.70	24.15

续表

地区	新产品销售收入 (亿元)	主营、业务收入 (亿元)	新产品销售收入占主营业务 收入的比例(%)
河北	2 916.03	38 115.19	7.65
辽宁	4 093.18	46 088.93	8.88
吉林	2 738.21	19 893.81	13.76
黑龙江	582.50	9 613.35	6.06
上海	7 688.38	33 224.69	23.14
江苏	19 714.21	127 891.17	15.41
浙江	14 882.10	56 460 41	26.36
安徽	4 379.08	29 117.00	15.04
福建	3 440.10	30 525.26	11.27
江西	1 682.93	24 936.68	6.75
山东	13 786.60	120 116.17	11.48
河南	4 748.98	51 629.66	9.20
湖北	4 653.12	35 230.27	13.21
湖南	5 672.10	28 443.05	19.94
广东	18 013.74	98 388.86	1 8.31
重庆	2 687.61	14 273.56	18.83
陕西	999.50	12 504.95	7.99

2) 各地区制造业专利申请情况

专利数是衡量各地区技术创新的重要指标。从表 2-12 可以看出，各地区专利申请数、发明专利数及有效发明专利数三项的排序基本上差不多，一些省份有 1 或 2 个位次的差异。从制造业专利申请总数来看，排序靠前的四个省份依次为广东、江苏、浙江、山东，专利申请总数依次为 96 646 件、93 518 件、77 067 件和 40 030 件，且这四个地区专利申请数之和占全国专利申请总数的比例为 54.78%。排序最靠后的四个省份为吉林、黑龙江、江西和陕西，专利申请总数分别为 2 520 件、4 282 件、4 893 件和 7 258 件，广东的专利申请数约为吉林的 40 倍。再从制造业有效发明专利数来看，广东仍然位居第一，为 97 052 件；其后，依次是江苏、浙江、上海、山东四省，这五个省份有效发明专利数之和占全国有效发明专利总数的比例约为 59.51%。排序靠后的为江西、黑龙江、吉林、河北等省份。有效发明专利数最多的广东和最少的江西之间的差距超过了 40 倍,这再次说明省际制造业技术创新的差距较大。

表 2-12　2013 年各地区专利申请及排名情况

地区	专利申请数(件)	排名	发明专利数(件)	排名	有效发明专利数(件)	排名
北京	19 210	7	9 240	7	16 402	6
天津	16 302	11	6 446	9	10 191	9
河北	9 171	15	3 054	15	4 049	16
辽宁	11 628	14	5 226	12	6 923	12
吉林	2 520	19	971	19	2 985	17
黑龙江	4 282	18	1 683	17	2 342	18
上海	25 738	6	11 377	5	20 140	4
江苏	93 518	2	33 090	2	52 718	2
浙江	77 067	3	15 036	4	22 578	3
安徽	32 909	5	10 866	6	13 582	7
福建	18 896	8	5 475	11	7 119	11
江西	4 893	17	1 669	18	2 333	19
山东	40 030	4	15 254	3	18 340	5
河南	14 400	12	4 182	13	6 470	13
湖北	16 321	10	6 119	10	8 745	10
湖南	17 424	9	6 880	8	10 512	8
广东	96 646	1	47 213	1	97 052	1
重庆	12 221	13	2 509	16	4 792	15
陕西	7 258	16	3 161	14	5 449	14

第三节　制造业技术创新的路径探索

一、以制度创新引领技术创新

研究表明,经济发展的市场化程度、产业结构的合理性、金融市场的成熟水平及知识产权保护的力度等因素，对企业的创新活动具有重要的影响。从结果角度来说，任何一种单一的要素都难以全面促进企业创新工作的进行，想要让这些要素发挥作用、刺激企业的技术创新，应该将它们综合起来，统一到创新发展制度当中，促进社会创新与技术创新的同步进行。

（一）深化市场化改革

市场改革是我国现代化的必经之路。随着经济发展水平的不断提升，我国在社会转型阶段的各种问题逐渐显露。只有在市场经济理念指导下，积极进行经济、社会改革，才能促进社会的稳定与和谐发展。国有企业资金雄厚，能够利用这一优势获取技术创新需要的人才与物质基础，但是国有企业的市场垄断地位导致其创新欲望的降低，阻碍了创新行为的形成。民营企业虽然资金规模较小，在技术研发与引进上存在先天劣势，但是生存的危机与压力，使得民营企业更愿意通过创新来与大企业的产品进行竞争。因此，在未来的发展过程中，党和政府要不断深入进行市场经济改革，对国有企业进行市场体制的改革，增强其经济发展的活力，提升我国经济的发展质量。

1. 鼓励国有企业进入具有公益性质的公共产品领域

国有企业实力雄厚，在选择经营领域与投资方向时，要优先对关系国计民生的经济领域进行帮助与复制，尤其是在医疗、卫生、环境、基础设施建设等方面；尽量不进入私人领域与制造企业抢夺市场，挤压他们的生存空间。国有企业在市场的优势地位是国家政策给予保障的。因此，国有企业必须更多地肩负企业自己的使命与职责，为社会与经济的协调发展做出贡献。在国有企业进入公益领域与公共领域的同时，也要转变思想通过市场化经营，改变传统的经营方式，在市场上与民营企业进行公平的竞争，提高自己适应市场的能力，为我国经济的稳定发展提供可靠的保障。

2. 明确区分国有企业的公共行为和市场竞争行为

从性质上看，国有企业可以大致分为两类：一类是进入公共领域或者公益领域，不参与市场竞争的国有企业，比如医院、学校等机构，不能以营利为目的进行市场竞争；另一类是参与市场竞争的企业，这些企业大多从事产品的生产与销售，这些企业应该尽量摆脱行政、政策福利，在市场上与民营企业进行公平的竞争活动。民营企业与国有企业在规模与实力上存在较大的差距，在进行竞争的过程中要尊重市场，不能依靠保护政策进行不平等竞争。

3. 取消国有企业的行政特权，与民营企业开展公平竞争

国有企业是国家的纳税大户，是国家财政的主要来源。国家对国有企业进行保护与扶植的目的，是为我国的社会主义现代化建设提供充足的资金，而不是从中获取利润。在市场竞争中，有一部分国有企业在市场上利用政策保护与民营企业进行不平等的竞争，导致民营企业的生存环境不断恶化，市场不断萎缩，最后濒临倒闭。

(二) 保证制造企业融资

1. 融资的类型

1) 股权资本

股权资本又被称为权益资本和自有资本，是企业依法取得的，具有长期的拥有权，可以根据自身的意志自行进行支配。法律规定，企业的股权资本主要是由四方面的资本构成的。具体来说，主要有投入资本(或股本)、资本公积、盈余公积和未分配利润。但是，从国际方面来看，股权资本则被分为了两个部分：一部分是实收资本，另一部分是留存收益。

应当明确的是，企业的所有者拥有股权的所有权。企业债务的有限和无限责任都需要企业所有者承担，并有权参与企业的经营管理和利润分配。企业所有者依法享有股权资本的经营权。企业在实际运营的过程中，根据企业所有者的意志，

其可以对自身拥有的所有权进行转让，但不得抽回投入的资本。只有企业有权调配使用股权资本。

2) 债权资本

债权资本又被称为债务资本和借入资本，是企业依法取得的，可以按照相关的规定进行使用，到期之后需要进行偿还的资本。通过企业的债权资本，可以体现出企业与债权人之间所存在的一种债权与债务之间的关系。从本质上说，债权资本就是企业所拥有的债务，是债权人的债权。对于企业的债权人来说，其拥有按期限索取债权本息的权利，其他权利则是没有的。企业必须承担按期付息还本的义务。

企业在融资过程中，需要关注的核心问题是，必须要对股权资本与债权资本之间的比例关系进行合理安排，这样才能保证企业实现健康的发展。

2．融资的控制

第一，合理确定资金的需要量，保证资金供应。

对企业未来所需要的流动资金和固定资金做适当的需求分析，这是企业进行融资操作的前提条件。如果通过融资行为之后，发展所筹集到的资金无法满足企业的需求，那么就会对企业的生产经营产生影响；但是，如果资金过多，就会降低资金的使用效率，造成资金的浪费。因此，必须对供应资金和使用资金的数量进行确定，也就是确定企业的资金定额。以往企业所进行融资行为所确定的资金定额的方式，从原则上说，现代企业的资金定额的确定也是可以使用的，但是却可以适当地简化。在对现代企业的资金定额进行确定的过程中，必须注意两方面的问题：①要考察产品的生产规模；②要掌握产品的未来销售趋势，防止企业内部产生盲目生产的状况，同时还可以提高企业资金的使用效率。企业在实际经营过程中，对资金的占用量始终是在发生变化的，可能会逐月增加，也可能会逐月减少，或者是时增时减。在这种情况下，就必须对自身全年对资金的占用量做出平均值，然后再对不同月份对资金的占用量进行计算，使用的方法要简便易操作。这样才可以对企业资金的投放和回收进行合理的安排，尽可能提高资金的周转速度,降低资金的占用量。

第二,周密研究投资方向,提高资金供给有效性。

企业对资金投向的确定,对企业的发展具有重要的影响作用,其不仅可以对资金的需要量进行确定,还可以影响到资金投资最终所实现的效果。企业在确定投资方向之前,必须对企业投资项目的可行性进行预测分析,不仅那些新建的企业需要这样做,并且那些老企业在进行扩建的过程中也必须要完成这项任务。想要实现企业投资的最佳效果,企业就必须要考虑确定资金的投资项目,掌握相关技术的先进性,是否具有良好的发展前途,以及是否拥有良好的市场竞争力。只有在这些影响因素都最终确定之后,才能最终确定企业的投资方向。

一般来说,企业在决定融资渠道和方式之前,首先都会确定良好的投资方向,明确对资金的用途规划。因此,企业在进行融资的过程中,必须要将资金筹集与资金投放相结合,这样才能确定最佳的企业融资方式。

第三,开辟多种融资渠道,力求降低资金成本。

企业筹集资金的方式和渠道多种多样。但不论是哪种融资方式,企业都必须支付一定的资金成本,包括资金占用费和资金筹集费两个部分。对于企业筹集资金的不同渠道来说,其所需要的资金成本也是不同的,并且企业获得资金的难易程度也各不相同。因此,企业在确定融资方式的过程中,首选的应当是最经济方便的方式。对企业来说,其筹集资金的方式可以实现多样化。这样做的原因是,不同资金的筹集方式会对企业产生不同的益处。有的资金筹集方式可以保证资金供应的稳定性,有的可以便利资金的获得,有的可以降低企业的融资成本,也有的有利于为企业筹集巨额资金等。因此,企业想要降低自身的融资成本,就必须要从整体上对各种融资渠道和融资方式进行综合分析,对资金来源的构成深入研究,以此来确定最佳的企业融资方式的组合形式。

企业对融资所产生的经济效益进行分析,需要考虑两方面的因素:一方面是企业需要花费的资金成本,另一方面是分析企业投资所获得的效果。这两方面的因素会对企业的多项决策产生影响,包括融资的渠道,企业的投资方向,企业资金需求量的确定,以及企业资金的最终投放时间等。企业在融资实践过程中,会遇到多种不同的情况。在某一投资项目中，企业可以获得较高的投资收益，但同时所花费的资金成本也高；企业在投资成本低的项目中，所受到的投资效果可能也会较差。在这种情况下，企业最终对于投资项目的选择就必须要考虑多方面的因素，充分结合资金的来源和资金的投向，对于今年的成本率和投资收益率进行全面深刻的分析，尽可能以较少的投入获得较高的收益；并在这一前提下，合理确定资金的需要量和投放期，使资金发挥最佳的效益。

（三）加强知识产权保护

知识产权的保护是对技术成果进行保护的主要手段。如果知识产权制度不够健全，那么创新活动的成果得不到有效的保护，于企业而言创新成果不能带来收益，会极大地打击企业进行创新的积极性。从总体上来说，我国的知识产权制度还存在很多问题，知识产权保护工作未能全面开展。由于传统经营思路的影响，我国企业对知识产权的运用与认识比较少。由于制造业多为制造企业，因此这一现象更是普遍存在。在公民意识还未建立的今天，知识产权保护意识的不足对中小制造企业的发展造成了不良的影响。侵犯知识产权的案件并不鲜见。我国知识产权制度还不完善，在知识产权保护领域我们还有很长的路要走。"缺乏知识产权保护的法制环境与发明创新人对自己权益保护的努力不够，共同弱化了我国创新的制度环境"(卢现祥，2014)。从这个阐述中，我们可以体会知识产权保护的重要意义，也体会到了政府和企业在推进知识产权保护中的作用和意义。

1．政府要完善知识产权保护的法律体系

1) 完善法律体系

《中华人民共和国专利法》、《中华人民共和国商标法》、《中华人民共和国著作权法》是我国目前知识产权保护领域的主要法律文件。在未来的发展过程当中，要注意对这些法律进行修改与完善，使其能够最大限度地符合我国的国情，增强其实施的合理性。

2) 完善诉讼制度

政府部门除了要对知识产权法律体系进行修改与完善，还要建立完善的诉讼制度，让人们能够更加方便、更加快捷的维权。这是从受害者的角度出发进行的改善工作，也是建设服务型政府的具体体现。

3) 加强宣传教育

知识产权的保护，不仅要靠法律的制裁，也要依靠企业的自觉。通过宣传教育，不仅能够加强企业的知识产权与意识，还可以促进他们遵纪守法，从而降低他们侵犯其他知识产权主体的可能性。

2. 企业要提高知识产权意识

知识产权意识包括两个方面的内容：

第一个方面的内容是企业的维权意识。在受到知识产权侵犯时，能够及时采取法律手段对自己的合法权益进行保护，保证自身的利益不被侵犯，这是知识产权意识的基本内涵。

第二个方面的内容是企业的守法意识。在市场竞争中，要尊重其他竞争主体的知识产权，守法经营，公平竞争。

二、不断提高技术创新的投入比例

（一）制定专项产业政策，鼓励 R&D 的投入

1. 完善促进研发创新方面的法律法规

《知识产权法》、《专利法》等专项知识产权法律是当前我国知识产权保护领域的基础性法律。随着经济的发展与社会的变化，要对这些法律进行进一步的修改与完善，细化行业规则，保证各行业的技术创新成果都能够得到最大的尊重与保护。

2. 做好市场调查

市场是进行一切活动的基础参照。如果企业想要获得更加科学、合理的决策

就必须对市场进行充分的考察与调研，保证企业制定政策的合理性。在未来的企业发展中，创新是企业生存的基本要求，政府要结合市场制定相应的政策，鼓励企业的创新活动。

3. 发挥政府作用

在美国、日本、新加坡等国家，政府对制造企业的发展给予充分的帮助与扶持，在制造企业的发展与繁荣过程中发挥了重要的作用。我国要充分吸收与借鉴这些国家的有益经验，充分发挥政府与政策引导对制造企业的发展的促进作用。政策的引导为制造企业的发展提供了很好的指引。除此之外，还要充分利用经济手段对制造企业的发展进行帮助，比如调整制造企业税收政策，对高新技术领域的制造企业给予收税减免等。制造企业的发展与繁荣并不是靠一个方面的措施实现的，多种要素共同作用形成的合力是引导与促进制造企业发展的最终力量。在我国，制造企业发展过程中，要根据制造企业产品特点，给予相应的保护，尤其是制造企业产品与进口产品的竞争中，要给予一定的帮助。

(二) 增加 R&D 经费投入，提高其使用效率

时间证明，R&D 资本投资是一种有效刺激企业创新活动的要素。如果能够对其进行合理的运用，在我国制造业技术创新中 R&D 必将发挥出巨大的作用。从某种程度上来说，R&D 是对企业发展战略的一种考验。如果企业更加注重长远的发展，那么对 R&D 投资会持大力支持的态度；如果企业仅看重眼前的利益，就会出现相反的状况。

1. 建立恰当的 R&D 投入机制

企业，特别是一些规模庞大、资金实力雄厚的大型及特大型企业，尤其要重视 R&D 投入。与此同时，还要建立与之相适应的保障机制，来对 R&D 投资的稳定性进行保障，并建立辅助实行制度，保证其能够更好地实施。根据创新理论的

分析与研究，创新并不是一个一蹴而就的事物，需要长期的积累才能逐渐显现出效果。长期的创新研究活动意味着大量的资金投入。企业要立足长远，以发展的眼光看待问题，建立稳定的创新研究体系，为我国经济发展的质量与稳定性提供可靠的保障，为全面实现小康社会的建设提供新的动力来源。

2. 提高 R&D 经费的使用效率

《2014 年全国科技经费投入统计公报》显示，2014 年，中国 R&D 经费投入总额为 13015.6 亿元，同比增长 9.9%；从资金规模上来说，我国的 R&D 投入已经位列世界第二，是一个 R&D 经费投入大国。但是从实际效果来看，我国企业经营基础普遍较差，科技创新能力较弱。由于底子比较薄，因此在投入大量的 R&D 经费后，创新成果的产出效率与投资规模世界第一的美国相比还存在很大的差距，与其他发达国家相比也存在很多不足。这一点我们必须要正视。这种尴尬的局面给予我们一个启示，在进行 R&D 经费的投入时，不能仅仅注重资金投入的数量，还必须采取合理的手段充分保障资金的使用效率，才能达到预期的目的。

3. 拓宽制造业制造企业的融资渠道

1) 完善制造企业融资支持政策

随着市场经济制度的不断完善，企业间的各项竞争越来越激烈，制造企业的发展面临多方面的制约和压力。最为突出的是，制造企业融资困难，并且需要承担的融资成本很高，这些问题都是亟待解决的。当前，我国制定的维护制造企业发展的法律政策，很多已经不再适合制造企业发展的实际情况，很多条款过于原则化，缺乏实践性。因此，在对其进行改善的过程中，必须要从顶层设计的角度出发，针对制造企业发展中面临的实际问题制定相应的政策法规，全面改善制造企业的融资环境。此外，为了鼓励制造企业的发展，还应该全面提高制造企业的金融服务，建设多层系的资本市场，不断完善信用机制。此外，还应该对融资担保体系大力进行发展等。

2) 完善制造企业融资领导组织

从国家角度来看，政府应当成立较高层次的政府职能部门，专门解决制造企业在融资过程中出现的问题，对涉及制造企业融资的部门职能进行全面整改，包括人民银行、银监会、证监会、保监会、工业和信息化部、财政部等，全面利用市场机制和宏观指导手段，解决制造企业的融资问题，包括政策引导、财政支持、银行信贷等措施手段。

3) 提高制造企业融资供给

国家应制定专项的政策措施，引导国有商业银行主动对制造企业的成长发展进行关心和鼓励。为制造企业提供贷款服务，可以分散银行的贷款风险，商业银行应该在思想上引起关注。从商业银行的业务发展上来看，银行的服务群体应该首先放在那些具有较大发展潜力的制造企业上。针对制造企业的实际发展状况，商业银行应提供专项性的服务，鼓励银行主动走向制造企业，为其制定专业化的金融贷款政策。此外，针对当前市场的发展行情，商业银行应对以往的小微企业金融贷款激励机制进行改进，以市场化的手段对制造企业的发展进行引导，满足制造企业对资金的需求。村镇银行、中小民营银行、小额贷款公司、担保公司、融资租赁公司等，以小微企业为服务对象的金融服务机构，要制定相应的激励政策，支持它们的发展。一些西方发达国家在扶持制造企业的发展上有很多成功的经验，我们应该努力借鉴，不断拓宽制造企业的融资渠道，引导保险资金、民间资本等进入到融资市场领域，为制造企业扩大再生产及规模的扩建提供充足的资金支持。

4) 进一步完善社会信用服务体系

为给制造企业的发展提供良好的公共环境，各级政府应当切实做好公共服务工作，为制造企业的发展建立专项公共服务网络平台，为制造企业的发展提供全方位的服务，包括市场开拓、资金融通、人才培训、法律保护等。制造企业的良性发展，有利于保障政府公共单位政策切实执行，二者之间的发展形成良性的循环，为区域经济的发展做出贡献。当前，广东省已经建立起了制造企业信用信息与融资对接平台，并收获了良好的效果。因此，在建立全国中小微企业信用体系的过程中，可以对其进行借鉴。在这一过程中，政府应发挥带头作用，全面鼓励全国中小微企业融资征信体系的建立,在国家层面做到信用体系建设的统一平台、统一标准、统一接口。此外,以往的银行系统信用信息需要进行技术的改造,充分利用互联网、大数据、云计算等先进技术,全面采集和追踪非银行信用信息,并根据市场信息的变化和技术的改进,不断提高信息采集的有效性,为政府政策的制定,提供有效的信息支持。

(三) 注重对创新型人才的培养

在制造企业发展的过程当中,我们必须加大投入,对技术人员给予充分的重视与尊重,给予他们合理的待遇,保证他们的忠诚度;对他们进行提升培训,培养创新型人才。

1. 在教育过程中,重视培养创新型人才

教师的目的是培养人才,人才是带动创新与社会进步的核心力量。从历史上看,工业革命之后,英国一直是技术创新最为突出的国家。但随着其他资本主义国家教育的改革,这种局面在 19 世纪与 20 世纪之交发生了改变。美国、德国通过教育体系改革,培养了大量的科学技术人才,一举反超英国成为世界上最具创新精神与创新能力的国家。

近些年,随着我国经济水平的不断提升,在教育上的投入越来越大,进行教育体制改革的决心也越来越坚定,尤其是在经济较为发达地区的教育支出占区域总支出的比例已经超过 20%。当然,我们知道教育的发展与进步,并不代表能够大量涌现出具有创新精神与创新能力的人才。因此,我们要在高校与社会中大力普及创新教育。在高等教育中,要将理论教学与技术实践结合起来,建立产学研一体的现代教育与科研体系,促进创新人才的培养。

2. 加强对企业员工的在职学习和培训

在互联网的影响下,全球化的趋势不断加快,全球制造业的格局正在发生着深刻的变化。面对未来的制造业市场的激烈竞争,如果我们不能充分利用与

发挥技术优势，将会面临残酷的命运。在这种背景之下，制造企业必须树立危机感，不断地提升自身员工的素质与经营管理的科学性，为应对激烈的全球竞争奠定良好的基础。提高员工的素质是增强企业核心竞争力的关键要素，我们要以开拓者的姿态走在全球制造业发展的前列，走在技术潮流的前列，引领世界制造业的发展。

3. 注重企业内部创新氛围的营造

在企业进行技术创新与研发过程中，要形成一种良好的创新氛围与创新环境。这种氛围不仅体现在对技术研发人员的尊重上，也体现在对他们成果的尊重与认同上。在技术研发与创新的过程中，大部分时间技术创新人员面临的是失败，企业一定给予这些科研人员足够的信任与耐心，让他们感觉到创新的决心，使他们更加坚定地朝着目标前进，不被暂时的失败所困扰。企业要建立创新制度奖励机制，对敢于创新、敢于尝试的员工给予一定的奖励。这种奖励可以是精神上的，也可以是物质上的。此外，要重视员工个人素质的提高，对员工进行定期的培训，使他们能够更好地在工作中履行自己的职责。

三、提升制造业 FDI 引入质量

(一) 注重引进 FDI 的技术含量

FDI 的技术含量是考虑是否引入的关键要素。如果引入国不能从 FDI 中获得一定的技术福利，那么 FDI 的引入的合理性要进行慎重的考虑。在过去的发展过程中，我国对 FDI 的态度较为宽松，甚至不会对其进行技术要求，这一政策使得大量的外商来到中国投资，促进了我国经济的发展。随着我国经济转型的逐渐开展，经济发展质量成为我国企业与政府关注的重要问题，低品质的 FDI 受到我国的限制。我们知道，内需、出口及投资是推动经济增长的三个助推器。在过去的几十年间，我国吸收对外投资数量居高不下，导致我国经济发展对投资的依赖性增强，这对我国经济的稳定与发展有很大的影响。因此，在新的经济背景之下，我国开始对 FDI 的标准进行重新审核，技术附加的 FDI 成为我国引入的主要类型。

在经济发展过程中，过度地依赖 FDI 的技术对东道主国家的技术水平提升，以及技术创新具有很大的阻碍作用。因此，在接受外来投资的过程中，我们虽然看重 FDI 的技术，但是不能完全依赖。从某种意义上来说，如果对 FDI 依赖程度过高，长远来看会抑制制造业的发展。制造企业只有通过自己的研发与创新，开发出新的技术成果，才是对企业未来发展负责的表现。这一点，制造业企业应该有一个明确的认识。

在新常态下，我国制造业在引入 FDI 的过程中，应该采取的策略可以总结为16 个字："积极学习，消化吸收，研究创新，突破超越"。因此，我国制造业在未来引入外资的过程中，要紧紧围绕这一策略开展各项工作，为我国制造业未来的发展打下良好的基础。

(二) 加强对 FDI 的政策引导

FDI 对制造业发展创新的影响会因为区域的不同而不同，这一点我们应该科学看待。比如，在经济落后的地区，FDI 的引入能够提升当地制造业的发展水平；而在经济发达地区，FDI 的引入有时可能会对经济的发展起到阻碍的作用。因为 FDI 的引入打破了原有的技术产业结构。

1. 允许外资企业参股国有制造业企业

一般而言，国有企业规模大、实力雄厚、信誉良好，在发展过程中能够相对便捷地获得发展的资金支持，受到各种人才的青睐。但国有企业的经营弱点使得其管理水平与技术水平并不突出，在国际竞争中与民营企业相比并没有特别的优势。在我国经济发展过程中，部分国有制造企业可以通过引入外资与外来技术的方式进行经营，以此来改善我国有企业经营管理以及技术创新中存在的问题，为我国国有经济的健康发展奠定基础。

2．允许外资进入制造业垄断行业

垄断行业大多数情况下依靠政府政策保护以及垄断经营获取市场份额与利润。这使得这些企业创新的动力受到影响，因此这些企业在技术创新上相对落后。在全球化不断深入的今天，垄断企业一定要树立充分的危机感，积极进行技术创新，转变自身的发展理念与发展模式，向国际一流大企业的迈进。

3．鼓励外资企业到中、西部进行投资

目前，我国的 FDI 引入主要集中在东部沿海地区。根据国家统计局的统计，东部地区的 FDI 比例连续多年超过总 FDI 数量的 70%。我国西部地区地域广大，资源丰富，地理位置的影响使得这些地区很难受到外商的青睐。为了改善这一状况，我国政府在西部大开发战略的实施中，制定了很多中西部外商投资的优惠政策，相信随着"一带一路"战略的实施，我国西部的 FDI 必将逐步上升。

第三章 服务创新驱动制造业转型升级

随着全球化的不断发展，经济的发展出现了新的变化，市场需求与传统意义上的生产已经脱离了直接的关系，创意与服务正在成为决定生产、刺激市场需求的主要因素。服务化是当前经济发展的一个基本态势。对于制造业来说，服务理念的树立显得更为重要。服务业作为第三产业对于国民经济的发展具有重要的作用。2018 年，国家统计局的统计数字显示，服务业在我国 GDP 总的比例为 51.8%，对经济增长的贡献率达到 59%，我国经济发展已经迈入服务主导的时期。事实上，服务业对经济发展的促进作用，不仅体现在直接的 GDP 数字上，还体现在服务理念渗透到各行各业，优质服务为企业带来很大的潜在市场。

进入 21 世纪之后，服务业对我国经济和社会生活的影响将更加明显。在"十三五"规划和"一带一路"战略的影响下，我国制造业迎来了新的发展机遇，紧跟时代潮流，改善企业服务，是当前制造业提高自身竞争力，获取更大市场份额的重要手段。

第一节 服务与服务创新

一、服务的诠释

辞海对"服务"的定义有两个层面的含义：其字面含义即为其他人提供的劳动或者服务；另一个层面的含义是其经济学含义，与劳务相近，具体来说是一种通过劳务来满足消费者需求的一种事物。服务在经济发展中具有重要的作用。很多学者都对其进行过分析与研究，并形成了一些具有代表性的观点。下面我们对这些观点进行分析：

佩恩(1998)认为："所谓的服务就是有关无形的活动要素的集合，这一无形活动涉及服务的提供者与顾客(或者消费者) 的财产权的交易活动，但是该活动并不会造成服务提供者与顾客之间的服务所有权的转变。服务如果作为一个产品，它的产出与物质产品紧密相连，但是其相连亲密程度也不是绝对的。"

佩里切利(1993)认为："产品有两种类型：一种是可以感知的、可以触摸的、不强调内容的、有形的产品，另一种则是不可感知的、不可触摸的、强调产品内容的无形产品，即服务。……服务不是普通的产品，而是由人或者组织所构成的一系列活动，服务的主要目的是满足顾客(或者消费者) 的某种特殊需求与预期。"

科特勒(2003)认为："不附加任何服务的纯产品，比如家庭用的日用品；附加了产品服务的纯有形产品，并通过这些附带服务的产品来招徕顾客，比如白色家电、电脑等；附加少量服务，同时也附加有形内容的产品，比如各类家政服务、电器维修服务等；纯服务产品，比如现代咨询服务等。"

除了国外的学者，国内的学者对服务的含义进行过总结与归纳，具体来说有以下几种观点：

黄少军指出："所谓服务就是一个经济主体将产品(或服务) 的使用权这一要素转让给消费者(或顾客)，但是服务提供者的服务以及为提供服务的知识的所有权仍然能够保留。"

此外，孙林岩等人从其他的角度对服务进行了定义，吕俊以则从心理学角度对服务进行了探索。

通过上述分析，我们可以对服务的特点进行总结：

首先，服务是一种无形的产品，但大部分时候它是通过有形的劳动过程产生的，服务是劳动的结果。

其次，服务不能存储，作为一种无形产品，其生产和消费是同时发生的。我们购买的是服务，看到的是服务产生的过程。对于服务的提供者来说，一次服务产品的提供，意味着一次劳动过程。

再次，在服务的生产与消费过程中，服务本身的所有权并没有发生改变，属于服务的提供者，而消费者的消费行为使得服务的使用权发生了变化。

最后，服务产品与有形商品不同。在不同的环境与情境之中，服务的形式、作用、意义及价值都不相同，这与有形产品有较大的差异。因为有形产品只要被生产出来，其形式、价值就已经固定。

从当前文献资料中我们能够发现，大多数学者都是以对象为切入角度对服务的具体内涵进行分析与理解的。事实上，随着现代社会分工的不断细化，经济与产业发生了很大的变化，在市场经济的催化下，竞争变得更加激烈。为了更好地获得竞争优势，企业从改善消费者的消费体验入手，为消费者提供完善的服务，以此来保证自己的市场地位。

从制造业的角度来说，其产品是有形、有质的有形产品，但其为消费者提供的服务则属于无形产品。在当前的经济环境与市场环境下，我们发现大部分企业都采用"有形产品+无形服务"的混产品策略。这既是基于企业竞争的考虑，也是基于企业未来发展的考虑。从这个角度来说，如果我们仅使用有形产品或者无形产品来形容当前的企业，已经失去了准确性。

二、服务创新的诠释

服务创新的兴起是随着服务业的发展和而被人们所重视的。随着产业经济结构的不断调整，企业之间的融合不断加强。制造业作为国民经济发展的一个重要部门，也受到了服务创新理念的影响。当然，对于在制造业当中服务创新理念的内涵与外缘的界定还有着很多的观点。这里我们通过对国内外学者的分析研究，来对这个问题进行探讨。

Hearty 以服务的新颖程度为切入点，对服务创新进行了分析。根据他的叙述，服务业实际上就是对某一个产品或者项目取得更好的效果所提供的辅助性劳动。他认为，服务创新不仅仅是针对产品或者消费者，企业生产以及管理过程中的各种便捷性服务都属于服务创新的内容体系。

Dttipp 认为，服务创新不仅仅局限于技术与产品领域，服务创新是一个更加广义上的概念。它不仅涵盖企业的生产与销售环节，企业的管理与经营也是服务创新的一个方面。

我国学者对服务创新也有自己的认识与理解。

许庆瑞(2008)对服务创新的定义是的理解更加注重其目标性与实用性。他认为，服务创新的目的是为了改善企业的管理效率、生产效率、销售成果以及用户体验，为达到这种实际效果而组织的劳动过程，都可以看作服务创新的一部分。

蔺雷和吴贵生(2012)对服务创新的外延进行了分析与研究。企业服务创新的产生有两个刺激因素：第一个是来自外部需求的刺激，比如市场出现了对某种服务的需求，企业就会通过改变生产和管理来满足市场的这种需求，服务创新在任何管理与经营环节都可能会出现；第二个是企业调整经营目标，为了实现新的发展规划而做出的各种服务而产生的各种服务创新，这种服务创新是内部刺激产生的。从广义上来说，一切能够改善企业生产、经营以及销售的服务改进，我们都可以称之为服务创新。在对这一概念进行理解与认识的过程中，我们应该从其本质入手，拓展服务创新的外缘。

鲁若愚等人也对服务创新的内涵进行了研究与分析，从狭义与广义两个角度对服务创新进行了分析与研究。狭义上的服务创新，主要是指在企业生产、经营过程中，为了提升效益所采用的各种服务对策；广义上的服务创新指，凡是企业的改变尝试均可以算做服务创新，服务创新是有形产品与无形产品的综合体，外延十分广阔。在对服务创新的概念进行分析与理解的过程当中，我们必须要更加宽泛地理解这个概念。

第二节　服务创新的理论基础阐述

一、服务经济理论

在发达国家，服务业在国民经济发展中的作用十分重要，其生产总值能够达到全部生产总值的 70%以上。一些面积较小、资源相对匮乏的国家，服务业所占的比例超过 90%。在服务理念不断深入人心的今天，对于制造业来说，服务理念的引入能够更好地促进我国服务经济的发展，改善我国的经济发展结构。

随着价值链功能的集中化，产业的分工更加详细，全球化和区域一体化的趋势更加明显，制造业作为一种多企业共同参与的经济主体，服务功能加入能够使各个环节与企业更加协调地配合，为企业工作的正常开展提供必要的条件。信息技术的不断发展，使得知识经济越来越受到人们的青睐，以往的依靠劳动力生存的企业将会很快消失，被生产设备所淘汰。在未来的经济发展过程中，人的主要作用是为未来的发展规划良好的发展战略，找出企业经营的弱点与不足。在现代的经济形势之下，无论是发达国家还是不发达的国家，都面临着同样的境遇。为了促进我国企业进行服务创新，我国政府积极鼓励创新，从而促进我国制造业的发展。从长远来看，如果国家不注重服务业，也不重视创新，最终会造成不良的影响。

人类社会经济的发展并不是一帆风顺的。从生产力极端低下的原始农业，到电子信息技术高度发展的知识经济，每个过程我们都可以看到服务以及服务创新。总的来说，产品的服务以及服务创新绝不仅仅是商品的一个附加属性，从某方面来说，它是社会主义现代化必不可少的一个要素。

无论是农业社会还是工业社会，对服务的需求一直没有断过。随着经济时代的到来，服务在企业中发挥的作用必将越来越大。在服务创新发展与演变的过程中，服务本身也发生了一些变化，服务的种类、内容更加全面，组织与管理水平也越来越高。

还有学者指出，实际经济出现服务化确实的根本原因是——互联网技术。我们知道，互联网彻底改变了我们生活。它不仅将世界连接成一个信息共享的整体，也改变了世界经济、文化发展的脉络。互联网与信息技术有着千丝万缕的联系，正是信息化的流行使互联网能够更加便捷地改变世界。我们这里所要说的企业信息化，是指企业生产与经营管理的信息化。在信息化的帮助下，我们能够更好地从市场上搜集信息，更好地了解用户的需求，更好地调整自己的生产与经营，是现代企业发展决策的基础性参照要素。关于互联网与信息化对企业经营管理的作用发挥，我们可以总结为以下四个方面：

(1) 企业电子商务的实现以企业内部网技术为基础。只有内部网技术建立成功，才能顺利进展到 E—Business。

(2) 信息高度共享技术。Intranet 单一存放信息，即一个信息只存放在网上的一个地方。不管用户处于什么位置和时区，Intranet 技术都允许他们共享知识和信息。

(3) 信息存取更加方便、快捷。利用 Intranet 技术，网上用户可以快速得到想要的数据和信息。例如，Intranet 集中发布产品、服务和市场信息，提供快速且可控的进入公司相关数据库的通道，这样各部门就可以更有效率地协作，并保证系统用户及时得到他们需要的信息。

(4) Intranet 可以动态地、可交互式地存取信息。通过服务器搜索查找信息的同时，将信息录入到系统中，达到企业内部管理信息和数据适时交换的目的。

科学技术发达的现在，信息技术占有更高的位置，其发展速度与深度也是当今社会其他科学所无法比较的。信息技术无时无刻不推动着社会的进步，同时慢慢地渗透到我们日常生活工作中。下文我们介绍信息技术较其他技术相比的主要特点：

(1) 适应性广泛。当今社会中，信息技术存在于人们生活的每个角落，一切生产活动、经济及生活都离不开信息技术。因此，信息技术应用的广泛性有目共睹。

目前，信息技术应用在生产制造、家庭生活、产品设计、交通通信、办公业务、资源勘测、大众传播、教育、科研、商业、娱乐、金融、保安、气象、军事等领域。现代信息技术应用的广泛性是具有历史意义的，对人类社会的发展有深刻的影响。

(2) 投资高，风险大。现代信息技术在当今社会应用的广泛，带来大量的资金投入。如今，在现代信息技术领域中，由于科技的复杂、技术的不断革新、制造越来越精密、分布日益广泛，使得现代信息技术不得不花费更多的资金对其开发、建设；尤其在初期阶段，花费更加巨大。由于信息技术的时效性，投资越高、收益越多的同时，往往又意味着巨大的风险。

信息化的发展使得企业对市场的服务需求能够更加快速做出反应，是服务理念深入企业经营的一个契机。此外，信息技术的发展促进了各种新事物的出现，这些新事物催生的新的服务需求，将会直接刺激企业服务创新的产生，甚至二者结合出现新的服务行业。

二、竞争战略理论

迈克尔·波特(Poter) 是国际著名的经济学家，它对竞争理论的精辟阐述，使其成为竞争理论的顶级学者。从哲学本质上来说，只对事物进行反复性的观察与研究才能总结出规律，竞争优势理论的产生就是这一哲学理论的生动体现。第二次世界大战过后，经济快速发展。随着经济形势的稳定，在新技术革命的影响下竞争变得空前激烈，竞争优势理论由此诞生。竞争优势理论是一个综合性的竞争理念，它不仅涉及管理领域，同时也涉及了战略管理、贸易学、社会学、心理学等多个学科的知识。波特(1985)的理论指出，企业在做出是否进入或者退出某个行业的决定，需要一定的决策依据。而这个依据，我们可以将其笼统地称为行业吸引力。行业吸引力主要包括五个方面的要素，即消费者、供应商、现有竞争者、潜在竞争者、替代品市场。我们将其称为"五力"。在这五种要素的作用下，企业的竞争优势会出现不同种类的变化。在其影响下形成的企业发展战略，主要有三种：第一种是差异化战略，第二种是成本领先战略，第三种是目标导向型战略。这三种战略基本上囊括了企业应对竞争的基本策略，但并不能代表所有企业的竞争策略。这里我们对竞争理论中存在的不足进行总结，概括起来总共有两点：

第一，波特的战略分析大多数是基于企业外部要素的考虑，并且其验证的过程也多采用企业外部样本，这使得企业内部对促进企业改进服务、提升竞争力的作用得不到彰显。

第二，波特的分析范式，对于大部分企业来说，都能很好地解释竞争成功或者失败的原因。但对于一些跨行业进入高利润产业链条之后很难从中获得利润的情况，很难进行明确的解释。

20 世纪 90 年代后期，为了补充波特竞争优势理论中的缺陷，以普拉哈拉德、汉默尔等为代表的经济专家，针对波特理论的不足提出了企业核心能力竞争理论，开始对企业内部要素在竞争中发挥的作用进行探讨。

根据普拉哈拉德等人的理论，任何新的竞争手段与竞争策略，都必须建立在一定物质基础与企业资源之上。如果竞争计划超出企业的资源极限，那么竞争策略是不可能成功的。因此，企业在提升自己的竞争能力时，要充分重视企业内部要素的规划与布局，对企业内部资源进行提升，保证企业内部的稳定与创新能力。从研究的角度来说，波特的竞争优势理论主要强调企业外部因素，普拉哈拉德等人的核心能力竞争理论强调企业内部要素，二者是相互补充的关系。与波特的竞争理论一样，由于过度强调企业内部要素对竞争的影响，因此他们的理论也存在一定的缺陷。总结起来主要有两点：

第一，对于企业核心能力的界定，即企业最为主要的核心竞争能力会因为行业的不同有所不同，想要对其进行清晰界定相对困难，

第二，只强调企业内部要素对提升竞争能力的影响，忽略了企业所处的外部环境，在这种情景下对企业的核心能力进行提升，会造成二者的脱节。

三、价值链理论

目前，学术界普遍认为，迈克尔·波特所著的《竞争优势》是价值链理论提出的基础，二者有着密切的关系。波特的价值链理论的基本分析单位是个体企业，其思路是通过对单个企业的价值链体系进行分析，来探讨整个价值链的环境及各个要素。在价值链理论的影响下，企业能够更好地找到自己在整个产业价值链条中的位置，从而使企业能够认清自己所处的环境，并对自己的竞争策略进行调整，达到提升竞争力的目的。

企业价值链的分析对象最初是制造企业，在分析过程中整个制造企业被看作一个价值链条；而企业则是链条中的一个环节，是整个价值链条的组成部分。随着全球化时代的来临，世界各个国家和地区的经济与文化联系越来越密切。在这样的大背景下，价值链的原有价值体系受到了冲击。因此，企业在经营的过程中，要对更广泛意义上的价值链进行分析，才能重新对企业进行准确地位，找到适合企业发展的竞争战略。

对于企业来说，实现企业利润最大化是其根本目标。但在激烈的竞争环境中，为了企业的生存与长远发展，应该将对利润的追求视为次要矛盾来处理。企业信誉与品牌形象的建立同样十分重要，在企业所处的整个价值链条中纯粹的价值获取已经不再适应新的经济发展方式。我们知道，企业内部的经营过程主要分为生产、管理、销售三个主要环节。在现代经济发展理念的介入下，服务业成为企业经营环节的重要组成部分。换句话说，这些经营环节构成了企业内部的价值链条体系。在这个内部链条上与企业产生联系的其他企业有很多。如何通过价值链的调整，共同从市场上获取利润，是企业的经营与管理者需要解决的问题。这一点，我们需要明确。

新价值链理论的重要奠基人是 Peter Hines。他从货物的流通角度对价值链进行了研究，并将价值链总结为"商品生产、流通与交易的路线"。这里的路线并不是指现实意义上的运输路线，而是指原料、产品流通所经过的环节。当然，其中也涉及空间位置上的移动，包括运输路线。从这个意义上来看，价值链的研究对象是产品的生产——销售过程，以产品为切入点对其从原料引进到交易变现整个过程中的价值交换进行分析。新价值链理论的优点是，能够层次清晰地对价值链条的各个环节进行认识，以为产品这一要素贯穿整个整个价值链条；缺点是企业的经营与生产活动，不仅仅是产品的生产与销售，其他经营活动的价值交换并未纳入整个价值链条之中。随着互联网经济的兴起，电子商务纳入到了新价值链条之中，其巨大的价值与发展空间，大大提升了价值链的广泛性。比如，2017 年的"双十一"，仅仅淘宝网的网上购物交易额就突破 1 000 亿元人民币。

第三节 制造业企业服务创新的驱动力分析

随着服务业在社会经济发展中的地位越来越高，制造业也受到了服务理念的影响，开始了服务创新，服务与制造业的结合提升制造业发展的质量，为其长远发现奠定了基础。从制造业服务创新来说，想要取得更好的创新效果，应该对其理念进行深入的认识，对其制造业的驱动力进行详细的分析。

一、制造业服务创新的概念解析

（一）制造业服务创新概念的提出

现代制造业与发达国家的服务工作分析与研究表明，工业服务业虽然属于服务业的一部分，但其规模与产值与纯粹的服务业比还有很大的差距。它是现代生产性服务型的附加组成部分，作用是企业的市场竞争和管理效率提供辅助条件。制造业的服务创新(比如 IBM，柯达等公司) 往往可以直接促进客户企业的人力资源管理、生产运作管理、顾客界面管理和技术创新管理水平的提高，制造企业的服务创新比其他产业具有更高的创新效益(李善同等，2002)。随着制造业的不断发展与进步，制造业的产品不断更新换代，产品的技术含量与质量不断提升。但随着行业分工的细化，企业想要在全部生产环节上都完全进行高标准生产，几乎是一件不可能的事情。于是，专业化的服务外包企业开始产生，这些服务的提供者拥有专业的技术与设备，能够高质量地完成企业生产的薄弱环节，保证企业产品的质量。这里我们将对制造业的服务创新进行分析，明确其基本特点。

关于服务创新的定义，我们可以从两个方面来进行：

狭义上说，服务创新企业为了提升自己的经营效率、产品质量，而向消费者或者企业客户所提供的能够改善其经营效率与产品质量的劳动过程或者生产过程。从这个意义上来说，为个体消费者或者企业客户提供服务，必须具备一定的设备或者技术，否则是不会获得消费者认同的。

从广义上说，是指企业为了满足客户的需求所采取的一切为顾客提供新型服务的过程。在服务创新的广义含义里，服务创新不仅仅局限于提供产品或者服务上，将一切能够满足客户需求的服务行为都纳入了服务创新体系。

狭义的服务创新，一般都存在具体商品，而广义上的服务创新将无形产品纳入服务创新的行列之中，大大拓展了其范围。

当前，我国狭义的服务创新虽然能够较为严密地对服务创新进行界定，但随着经济形势的变化，其适用范围能够囊括的服务创新项目越来越少。因此，大多数情况下，我们从广义的角度对服务创新进行讨论。大多数学者对服务创新进行研究的过程中，也是从广义层面进行讨论的。本书对服务创新的分析、研究，也是基于广义层面的考虑。

(二) 制造业服务创新的内涵与外延

制造企业的服务创新内涵十分丰富，外延十分广阔。我们必须从广义上对其进行分析与讨论，才能具有更广泛的研究意义。在研究服务创新的过程中，我们需要从三个方面对其进行分析(何哲等，2008)，如图 3-1 所示。

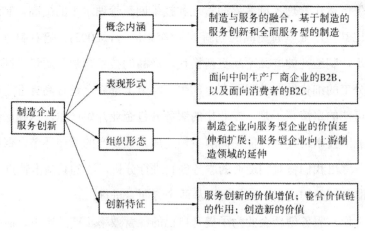

图 3-1 制造业服务创新的内涵与外延

1. 表现形式

从服务创新的表现形式来看，由于制造业大多从事加工、生产、组装等生产，因此在服务创新过程中主要的针对对象是合作伙伴，比如零部件的生产商、租赁服务商等。

2. 组织形态

从制造业的企业组织形态来看，制造企业与其他企业正在变得更加模糊，很多企业制造业服务企业与其他企业的生产内容几乎一样，组织形态也十分接近。需要我们注意的是，在一些接受外包工作的企业当中，他们与委托商的生产模式几乎一致，但二者本质上有很大的差别；制造业只负责组装或者某个零部件的制造，而委托商则是产业链完成的价值链条。

3. 创新特征

从服务创新特点来看，制造业的服务创新能够提升企业的服务范围，满足更多的市场需求，并且为自己赢得更好的市场信誉。制造企业的服务创新具有很大影响效果，因为企业为其他客户提供服务，价值网络比较庞大，因此其服务创新会对整个类型服务提供领域的企业造成影响。企业的服务创新能够为企业提供更好的产品或者服务，使其赢得客户的青睐与喜爱，从而提高自己在市场上的产品形象，增加自己的品牌美誉度。

事实上，制造企业服务创新的目的是，通过提供高附加值的服务或者有形产品来达到盈利，创新是增强其竞争力的主要手段。我们对制造业的服务创新进行理解的时候，应该考虑两个基本要点：

第一，制造业的服务创新覆盖范围十分广泛，无论是有形产品的制造，还是无形的服务产品，都属于其经营范围。

第二，制造业服务创新能为其服务与产品提升附加价值，增强其盈利能力与盈利水平。

二、内外部驱动力

制造企业服务的创新需要足够的动力才能产生。这里，我们从内部驱动力与外部驱动力两个层面对这个问题进行探讨。

（一）内部驱动力分析

内部驱动力是从企业的需求以及组织要素两个方面来进行分析讨论的。随着社会的进步与经济的发展，人们对科学技术在促进企业发展中的作用已经有了全面的认识。在技术推动下很多产品在功能上出现了雷同性，这使得市场竞争更加激烈，企业的生存环境也越来越恶劣。企业必须通过服务创新来提升用户的体验，增强自己的产品与服务在市场上的竞争力。

在激烈竞争的市场环境中，如果企业不努力进行创新，保持企业产品的吸引力，很快就会被其他的企业所取代。市场的更新换代如此之快，每个企业都必须重视服务创新。在企业的经营与销售活动中，顾客的需求是一切生产活动的起点与归宿。只有对市场需求和顾客的心理进行敏锐的把握与理解，才能更加科学地为企业的生产与经营提供保障，才能保证企业在激烈的市场竞争中获得先机，稳定地发展下去。如果企业的决策迟缓，对顾客的需求视而不见，心安理得地躺在以往的成果上，那么企业很快就会被超越，落后的产品与服务会被市场抛弃，企业难逃倒闭的命运。

除了市场的需求之外，企业内部催生的各种需求也会成为企业进行服务创新的驱动力。比如，企业战略目标的制定，组织结构的调整，新技术的引进，等等。这些因素会也会促使企业对当前的管理体系与产品服务进行调整，以便更好地适应新的战略目标。一般来说，企业内部要素驱动的创新，具有更为持久的动力，这种主动出击的创新思路更能体现企业创新的决心，对企业发展的促进作用也更加明显。

(二) 外部驱动力分析

服务创新不仅需要内部驱动力，也需要外部的驱动力。我们可以从以下两个维度对其外部驱动力进行分析。

1. 基于隐性知识维度的分析

隐性知识是指在社会生活中客观存在，但是没有具体的理论应用体系的知识，这些知识隐藏在我们的生活与工作当中。关于服务创新的隐性知识，我们可以从两个方面来进行理解。

(1) 专业服务知识。专业服务知识是指企业在为客户提供产品或者服务的过程中，所需要的专业化的技能、经验及常识等知识。制造业在进行服务创新的过程中，对专业化知识的需求比较高。从生产与服务提供的形式上来看，大部分制造业企业从事的都是相对专业的服务与制造领域。如果专业知识不够扎实，会对企业的产品质量以及企业信誉造成十分不利的影响。专业服务知识是服务于企业生产以及管理的重要方面，如果缺少专业服务知识，在企业的服务创新过程中，会造成很多不必要的麻烦。

(2) 技术知识。这里所说的技术，类似于传统经济学中所说的技术创新。在新技术的带动下，企业能够改善自己的产品与服务质量，并以此为契机提升自己的服务质量，在市场上塑造良好的品牌形象。从专业服务知识与技术知识的关系来说，二者相互联系，不可分割。在制造企业服务创新的过程中，一定要科学合理地对二者的关系进行处理；充分发挥二者的作用，使它们共同推动企业创新活动的进行，保证创新成果。

2. 基于行动者维度的分析

企业服务创新的主体实施者是与企业创新利用具有密切关系的企业主体。他们对企业的经营与服务状况十分了解，能够找到企业服务创新的关键之处，并以此为切入点对企业进行有效的服务创新。实际上，企业外部的驱动力可以从四个角度来进行分析：第一个角度是企业自身，第二个是企业原料的供应商，第三个是市场上的消费者，第四个是企业的竞争对手。在这四种主体中，他们的需求以及采取的对策，对企业的创新活动具有很大的影响。比如，原材料供应商因为客观原因提供的材料有所变化，这就需要企业通过服务创新来解决原材料变化带来的各种不利影响。竞争对手在这四类主体里相对特殊，因为他对企业服务创新的驱动是通过竞争行为实现的，企业往往会为了应对对手的产品进行服务创新来保证自己在竞争中的地位，否则就会被对手超越，对企业的发展造成不利的影响。

事实上，在企业进行服务创新的过程中，不仅内部驱动力在发挥作用，外部驱动力也在发挥着十分重要的作用。企业的服务创新活动大多数情况下通过内部驱动力与外部驱动力的联合作用完成，二者的结合促使企业具备了创新的动力。

三、三界面驱动力分析

韦铁通过模型对拥有多个主体要素的服务创新模式进行分析，将企业服务创新的参与结构总结为"企业—供应商—顾客"，并将这三者之间的关系称为企业服务创新的三角结构。从形式上看，这种理论对服务创新的参与要素认识并不够全面。因为企业在实际经营过程当中，服务创新面临的情况远比理论描述的更为复杂。这里，我们对这三种参与要素进行拓展分析与认识，从更广的视角对不同的参与主体与参与要素进行分析，并引入行动者网络理论。

从归属上说，我们可以对制造企业中服务创新的驱动力主题要素进行不同种类的划分：第一种是企业的员工，既包括企业的核心员工与骨干员工，也包括企业的基层员工，此外企业的管理人员也包括在内；第二种是供应商，供应商包括企业原材料的供应商、零部件的供应商、技术服务的提供者等不同价值环节的主体；第三种是顾客，顾客者是企业产品和服务的直接消费者，对于企业的产品与服务有着最直观、最切身的感受。我们将"企业—顾客—员工"这三种不同类型的行为主体所形成的对服务创新的刺激驱动系统，简称为"三界面驱动力"(图 3-2) 。

在图 3-2 所示的模型当中，企业、顾客及供应商形成了相互联系、相互支撑的互动性驱动体系。在这个系统当中，存在着三种相互之间的作用与联系，即企业与顾客的联系互动、企业与供应商的联系互动以及顾客与供应商的联系互动。这个系统构成的互动系统单重，不同的互动环节伴随着不同的相互作用，三种作用结合在一起构成了刺激且创新的动力。

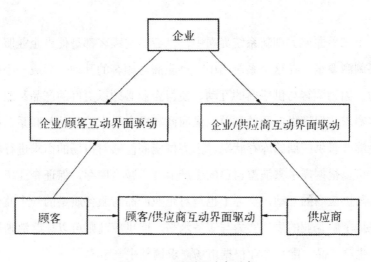

图 3-2 三界面驱动力示意

(一) 企业与顾客的互动界面驱动

企业与顾客的交流与互动，能够刺激企业的服务创新动力，促进企业服务创新的开展。这里我们可以通过互联网交易对这个问题进行分析。在 B2C 交易当中，企业通过互联网与交易平台，将自己的产品与服务进行更大范围的销售，形成一部分潜在的客户群体。在互联网平台上的交易，是通过企业自己建设的交易网站或者第三方平台提供的交易系统完成的。在虚拟网络交易过程中，企业可以直接面对客户，且可以从交易以及反馈当中对用户的服务需求进行评估，从而发现自己经营中的缺点与不足。这是促进企业改进自己服务质量，进行服务创新的重要刺激因素。当然，进行电子商务交易，需要企业开设专门的部门对电子商务进行管理与监督，对客户的意见与反馈进行及时的整理，保证交易的顺畅与服务的效率。这是每个开展电子商务的企业都需要做到的，也是企业进行服务创新、保证顾客消费体验的重要手段。

（二）供应商与顾客的互动界面驱动

在这个三界面服务创新系统界面中，供应商与顾客都是促进企业服务创新改革的重要刺激要素。在这个系统当中，供应商与顾客的互动会形成一个强大的创新驱动力。因为顾客与供应商的互动，使得企业必须以更好的产品和服务质量来满足顾客需求，保证供应商的利益。供应商与顾客最大的互动与联系，在于二者的互动能够改善供应商的库存状况。因为供应商能够对市场的需求进行相对准确地把握，可以根据需求来调整自己的生产节奏，减少库存，保证企业资金流的正常。顾客与供应商的互动，实际上也是对企业产品与服务质量的一个监督。顾客能够更好地了解企业的生产实力与服务水平，而供应商则可以思路清晰地为企业提供各种生产产品，配合企业根据市场需求调整生产节奏。

（三）企业与供应商的互动界面驱动

服务大多数是无形的产品。由于服务的生产与消费大多是同时进行的，因此无法保存。这也使得服务难以像商品一样，通过标准化来保证产品的质量。从产业价值链的角度来说，企业为获取竞争力而进行的服务创新，不仅对企业自身提出了要求，对价值链上下游的企业都会产生一定的影响。在现代化生产过程中，企业与供应商的关系与合作空间越来越紧密，企业如何在保证上下游企业利益的同时，通过产品与服务创新来获取更大的市场份额，这是一个值得整个价值链条内所有企业思考的问题。在这一理论的影响下，企业与供应商在统一系统中形成了良好的互动关系，开创了二者的新局面。二者共同创新，使得企业能够在市场上获得更加有力的竞争优势。

在企业与供应商的互动界面中，进行服务创新的企业与供应商要进行充分的互动与合作。供应商通过产品服务、资金保障等手段，对企业的服务创新互动给予支持；而企业可以在市场分析、合作空间等方面，给予供应商相应的便利。在企业进行服务创新的过程当中，企业要对自身的技术能力有一个明确的认识。如果企业技术能力不足，进行服务创新一定要慎重。因为服务创新需要技术的保障才能更好地实现，否则会对企业的服务创新造成不良的影响。例如，阿里巴巴成功的服务创新策略，就是对内外关系进行了妥当的处理才得以实现的。2017 年，阿里巴巴"达摩院"正式成立，"达摩院"将着眼于未来科技的发展，其横空出世为我国创新战略的发展添上了浓墨重彩的一笔。

新经济环境下，制造企业服务创新将会面临一系列的发展机遇，为制造企业服务创新带来新的发展生机与活力。

大数据时代，企业之间的竞争已经公开化、透明化，单纯依靠提升管理效率增强企业的竞争力方式收效越来越小。数据时代的竞争主要是企业开发环境下信息的获取及加工能力的竞争，信息优势是企业取胜的关键。从传统经营价值观来看，企业的经济活动是一切价值的来源，数据和信息只是用来描述和记录经济活动的工具，这也是很多企业不重视服务创新的根源所在。虽然在大数据时代企业财务信息的作用没有发生本质的变化，但大数据时代的实践却向我们展示了信息的神奇魔力。无论是网络跨界现实，还是互联网跨界金融，没有财务信息作为支撑，根本不可能实现。可以说，在未来的发展中，谁掌握了信息，谁就掌握了发展的主动，无数跨界成功的企业证实了这一论断的正确性。大数据技术支持下，服务创新高度信息化、集成化、共享化，大量财务数据信息被筛选、整合、重构，这会让人们看到一个不同于常规认识的市场，从而发现新的需求增长点。

"互联网+"思维为我国企业带来了新的发展机遇，尤其是大型企业会从中获得更多的好处。凭借互联网的东风，服务创新也迎来了一个发展的新机遇。至于"互联网+"对服务创新领域的影响，最明显、最深刻的变化出现在会计领域。在

"互联网+"模式下,服务创新向着共享方向发展。随着互联网运用技术的不断成熟,共享理念在社会上的认可度越来越高。未来,随着服务创新理念的逐渐发展,服务创新中心将是所有财务工作的中心,其服务功能将会涵盖某个地区内的数十家企业或者某个集团公司的子公司。服务创新中心强大、专业的数据处理能力和高效、便捷的服务网络,将会加快企业的发展步伐。财务一体化带来的不仅是业务的变更,更是发展模式的变化。"互联网+财务"的不断进步,也对企业管理的精细化提出了更为苛刻的要求。要实现精细化管理,就必须改变传统的经营模式,用数据化和信息化代替传统的管理工具。服务创新能够充分解放企业劳动力,将他们重新安排到新的岗位,激发他们的潜力。目前,服务创新的主要目的是将财务活动的参与者转变为共享主体,企业的员工实际上成为共享系统的客户。在传统模式中,财务部门的工作是管理企业的财务活动;在共享模式中,全体成员都要参与到服务创新活动中。这对提高企业的协调能力、组织能力和员工培养能力,提出了新的要求。

四、四系统驱动力分析

随着现代经济的不断发展,在技术、竞争以及全球化理念的影响,企业的产品与服务这两个项目正在逐渐融合体现出一体化的发展趋势。四系统服务创新系统,就是基于企业产品服务一体化的思路产生的一种理论系统。它将顾客刺激下产生的市场需求、概念化的创新、服务的传递以及技术创新这四种要素作为企业服务创新的驱动基础,为人们研究服务创新提供了一个新的思路与想法。

与三驱动力系统一样,如果对四驱动力系统的驱动要素进行分类,我们可以应用四种基本驱动力量对它们进行归类,即顾客需求驱动力、概念化创新驱动力、服务传递系统驱动力以及技术创新驱动力。图 3-3 为我们展示了四驱动力系统的基本框架。

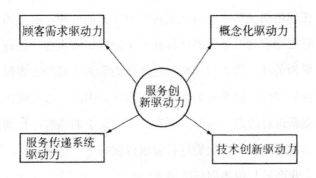

图 3-3　服务创新四系统驱动力分析

（一）顾客需求驱动力

在市场经济条件下，需求是刺激生产的、促进企业发展的根本性要素。在服务创新四驱动力系统中，需求是顾客系统产生的，通常用其来指代顾客驱动力系统。企业的创新服务根本上是由于市场和顾客的需求所决定的，因此在对企业的服务进行创新的过程中，一定要充分认识和理解需求对企业产品和服务改进、促进作用，充分利用顾客系统的需求对企业的服务进行改进与创新。如果我们从深层考虑顾客需求这一个要素，会发现实际上企业所有的服务创新活动的最终目的都是为了更好地服务顾客，满足顾客的个性化需求。当然，我们这里所说的顾客是广义上的，它包括企业的员工。简单来说，如果企业在进行生产或者服务提供的过程中，由于某个环节的服务出现问题，很可能会导致顾客对企业的不信任。但是，如果企业能够从用户的角度来考虑问题，根据其需求针对性地对生产和经营环节进行改革与完善，就可以有效地避免这种问题的出现。

经济发展到今天，人们对市场以及交易已经有了较为深入的认识。随着科学技术的进步、生产力的提高，使得交易市场上的产品供应大于需求，消费者在交易过程中占据着优势地位。可以说，现代经济体系中的消费者是一群等待被服务的对象。但是，我们应该看到，由于生活背景与经历的差别，每个消费者的心理状态与服务需求并不相同。我们可以通过购买冰箱的交易行为，对这个问题进行理解。比如，在冰箱的交易中，有些顾客看重冰箱的外观，有些顾客看重冰箱的质量和性能，有些顾客则对冰箱的环保性与节能性比较重视，还有一些顾客对冰箱的售后服务更为关注，能否送货和三包是他们购买冰箱的主要参考因素。通过这个小小例子我们知道，消费者的需求千变万化。因此，通过顾客的需求对企业的生产与服务创新进行改进的时候，要对广泛意义上的顾客进行调查，对需求进行分类，并根据需求数量，对他们进行需求程度排序。这种具有广义意义上的需求，才是刺激企业产品与服务创新的根本。

(二) 概念化驱动力

概念化的驱动力主要是指企业为了追求长远的发展，在总结企业实际发展经验之后，会提出一些概念化的发展思路与战略规划，在长期的发展过程中形成企业的终极追求。这些新概念有些是企业根据自身的经营状况自己确定的，有些则是一些经济学家根据国内外企业发展经营的特点分析总结出来的。不管新概念对我们的生产、生活造成怎样的影响，它都对企业的产品与服务创新打下了坚实的基础。实业界企业人士和专家认为，产品的升级换代与服务质量的提升，需要依靠目标的引导，也需要过去的经验与智慧。

随着国家产业政策的调整，我国企业的产业结构不断优化。当前，我国服务业与制造业相融合的趋势十分明显，并且从效果上来看一个双赢的结果。正如我们在文中说到的，无论从哪个方面来分析，我国的产业政策调整都会对四散产业的发展造成一定的影响。

(三) 服务传递系统驱动力

我们这里所说的服务传递系统，是指在服务生产完成并提供给消费者的过程中，企业服务的传递系统。企业服务传递系统也是促进企业服务创新改革的基本驱动力之一。随着企业服务的创新与改进，企业服务传递系统的功能性得到很好的发挥，企业的生产效率得到了提高。对于制造领域的企业来说，服务的传递不是企业生产与经营的全部内容，它只是企业经营的一个方面。企业的生产经营系统还包括销售、运输等不同的环节。在企业的生产系统运作过程中，各个环节工作的顺利完成需要，各个方面的服务来保证。比如，企业在产品的生产工作完成之后，要通过物流系统将货物运送到各个经销商与仓库当中。因此，运输服务是企业生产销售不可缺少的重要服务环节。在企业的经营价值系统中，要对每个环节进行充分的创新研究，保证各个环节齐头并进。

（四）技术创新驱动力

技术是企业创新的重要推动力，当然并不是只有技术才能推动企业服务创新的步伐。Bilderbee 通过构建"四维度模型"，对技术条件对企业服务创新的影响进行了分析，相对全面地对企业四驱动力系统的技术创新驱动力进行分析。同样的道理，对于制造业的产品以及服务创新来说，单一的某项技术虽然在企业服务创新中的作用十分重要。但这并非只要完成对某单项技术的升级与创新，就意味着企业服务创新的完成。实际上，这一点我们可以通过举例，更加简单地对其进行说明。比如，生产电脑不仅需要电脑硬件、外观的设计技术，还必须具有过硬的生产技术，才能保证产品的质量。

第四节　制造业企业服务创新战略选择与实施

一、制造业企业服务创新战略的基本模式

在传统的交易当中，顾客付钱购买产品之后，可以同时获得其使用权与所有权。产品在后续的使用过程中，顾客负责对其管理与维护。如果出现问题，生产者可以提供一些简单的服务，比如回收、维修等。这种情况在制造业企业中最为常见，如图 3-4 所示。

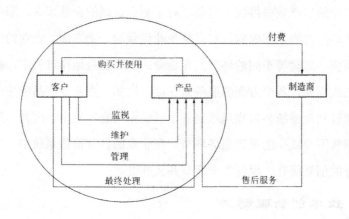

图 3-4 传统的"服务—产品"商业模式

　　到底有哪些新型服务创新模式呢？本书根据价值链理论以及 Mont(2004) 的研究成果，将制造企业服务化模式分为：产品延伸服务创新模式、产品功能服务创新模式和整合性解决方案的服务创新模式。

(一) 产品延伸服务创新战略模式

　　制造企业产品服务的延伸，最为特殊的特点就是消费者能够获得产品的所有权，并且消费者不参与产品的维护、回收、维修等环节，这些环节由企业来完成，这与我们所理解的无形的服务产品不同。在这种产品服务机制之下，企业必须将自己的产品与消费者紧密地联系在一起，企业的产品不仅能够贴合消费者的消费需求，还必须与市场其他产品有明显的区别及优势，否则消费者不会选择该商品。从制造业产品服务延伸的角度来说，将产品生产与市场紧密地结合起来，以需求带动生产，以生产促进销售，形成一个良性发展的生产循环，如图 3-5 所示。在产品销售出去之后，企业由于对产品的整个生命周期都负有管理与维护的责任，因此顾客享受到了购买产品所带来的附加价值，这能够帮助企业在市场上树立良好的信誉与品牌形象。在企业长期的坚持下，市场上的消费者会对企业产生一种强烈的信任感，用户的忠诚度也得到了提升，这对企业长远的发展具有十分重要的意义。

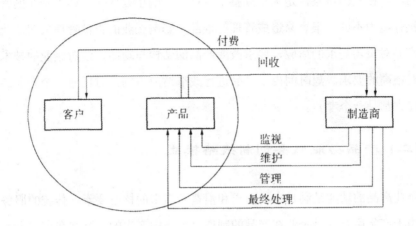

图 3-5　制造企业产品服务延伸创新战略模式

推行产品延伸服务创新战略模式的制造企业，需要具备两个方面的能力：

第一，制造企业需要具备服务项目的管理能力。传统的制造业经营体系中，产品的生产与销售是整个企业经营系统的核心。为了保证产品的质量，采用高度标准化的生产模式，产品的同质性高，这是大规模生产的基本特点。但由于消费者选择的增多以及个人知识水平的提升，消费者对产品功能性和服务性的要求趋向个性化，因此企业为消费者打造的产品服务功能逐渐不能满足消费者的需求，对企业的发展造成了困扰。在制造业产品服务延伸体系当中，为了满足消费者多样化的消费需求，企业不仅通过技术改造对生产模式与产品功能进行调整，同时也改变了传统的产品销售模式，"产品+服务包"的现代化产品理念取代了传统的产品供给理论。这样，消费者首先可以在功能上得到满足，其次能够享受产品终身服务，增加了消费的附加价值。想要进行产品延伸战略模式改革的企业，在经营上必须具备一定的灵活性，并且管理效率高，能够高效地处理各种经营与产品问题，否则制造业产品服务延伸改造很难获得成功。

第二，制造企业需要具备知识管理和学习能力。产品延伸服务创新战略对企业的管理水平、经营水平以及技术能力有较高的要求。如果企业的管理能力与学习能力不足，是难以完成产品延伸服务创新战略的实施的。我们知道，企业生产模式与经营模式的调整，是关系到整个企业运营的重要变化。如果企业的管理能力、执行能力不够，很容易造成管理的混乱，影响企业的正常管理秩序。此外，企业产品对市场需求的适应，要求改变产品的结构与功能，这对企业的技术创新能力有很高的要求。短时间内对产品进行改造适应市场，对任何一个企业的技术创新能力都是一个考验。

(二) 产品功能服务创新战略模式

企业产品的功能是满足市场需求和消费者需求的核心要素。传统的服务模式中，由于产品所有权是企业在产品的制造过程当中产生的，顾客在市场上购买企业的产品的使用功能，完成交易活动，之后制造业企业不再对自己的产品负责，维修、回收等环节由顾客完成。产品功能服务模式能够将产品与服务进行完美的结合，充分发挥彼此的优势，来满足消费者的需求，提高顾客对企业产品与服务的满意程度，增加他们对企业的忠诚度。企业与顾客之间的互动是一种良性的信息交换行为。企业可以通过顾客了解他们的需求，找出企业产品在使用过程中存在的不足；顾客可以满足自己的需求，同时还能保障自己在商品交易过程中的各项权利。在未来的发展过程中，制造业企业一定要以市场为导向，充分尊重市场与顾客的需求，尊重市场的客观规律，尊重顾客作为消费者的基本权利，做好自己的工作，通过优质的产品与良好的服务，来提升企业的信誉度，打造良好的体育形象。

(三) 整合性解决方案服务创新战略模式

在整合性解决方案是一种综合性的服务创新实施策略，在这一策略的指导下，企业需要对产品、服务及经营系统进行全方位的调整与完善，促进企业服务创新工作的推进。整合性服务创新策略能够与产品的生命周期进行较为契合的联系，企业以产品的生命周期为标志，通过优质的服务来满足顾客在产品各个生命周期中的服务需求。图 3-6 向我们展示了整合性决绝方案服务创新战略模式的基本框架。

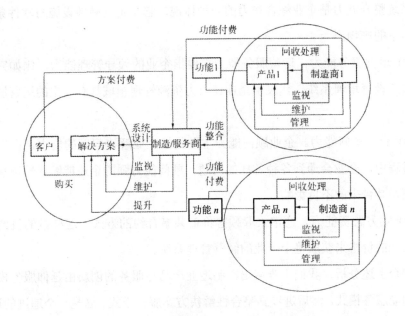

图 3-6　整合性解决方案服务创新战略模式

适合采用整合性解决方案服务模式产品的特点，这里我们将其总结为以下两点：

第一，在整合性解决方法服务模式下进行生产的产品，一般具有较高的技术含量，生产的成本比较高，且需要专业化的生产设备或者生产线才能实现。这种商品的生产对制造企业的技术能力与硬件设备具有一定的考验性，适合有一定实力的制造企业应用。

第二，在整合性解决方法服务模式下进行生产的产品，种类复杂，外形复杂，功能也比较复杂。比如，打印文件，其中涉及了印刷、扫描、编辑、存储、传输等诸多的环节；并且在这个工作流程当中，每一个环节都发挥着重要的作用，缺少那个环节都不可。

当然大部分制造企业并不具备整合性解决方案服务模式的实施条件。能够进行此模式的制造企业的基本特点与能力要求，我们将其总结为以下四点：

(1) 系统整合能力。系统整合能力是制造企业完成整合性解决方案的核心要素。系统整合能力是企业综合实力的一种体现，它是企业硬件设施与软件条件共同作用下的产物。

(2) 运营服务能力。运营服务能力主要指企业的领导管理能力，比如完整的企业员工教育培训系统，代表了企业在人力资源管理领域具有一定的运营服务能力。

(3) 企业顾问能力。企业顾问能力主要是指企业解决问题的能力，在生产与管理过程中，企业会遇到各种各样的问题，顾问能力强的企业能够合理地解决这些问题及其带来的不良影响。

(4) 卖方融资能力。通常采取顾客价值共享合约的方式，这样做的目的是能够以较低的价格来获取整个企业的经营管理系统。

综合上述分析，我们不难得出，制造业产品与服务的创新由延伸服务模式到产品功能服务模式，然后进步到整合性解决方案服务模式。这是一个递进的过程，这个过程当中，企业在满足顾客需求这一基本理念的影响下，自身的服务水平与服务质量不断提升，企业的服务创新在不知不觉中发挥了作用。图 3-7 为我们展示了三种服务创新战略模式的定位差别。

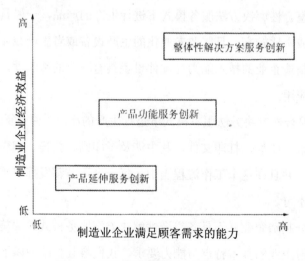

图 3-7　三种服务创新战略模式的比较

迄今为止，虽然对制造业企业服务创新战略模式的研究成果并没有达成一致，但这三种服务创新的战略模式无论是从纵向观察，还是从企业发展的横向观察，都具有相当高的适用性，因此可以作为企业在服务创新过程中参考的一种方案。

二、制造企业实施服务创新战略的主要措施

随着制造业企业的发展，当其产品以满足客户的服务需求为主要目标时，则可以采用服务化的发展战略来对企业未来的发展进行引导。此时，企业需要改善原有的经营模式与经营思路，建立以服务为经营目标的企业运营体系。在制造业企业向着服务化方向转变的时候，企业内部要建立完整的服务管理手段与措施，使企业能够最大程度地适应服务化的发展目标。

(一) 调整企业组织结构

组织结构是企业存在的基本形式，服务创新想要保持高效率的运作与管理，必须对自己的组织结构进行优化，保证各项措施能够及时实施；同时，管理与决策层能够及时收到各种管理信息的反馈。

制造业企业服务创新的组织结构调整应确立如下重点。

1．权责明确

在进行企业组织结构优化调整过程中，管理决策层应该保证在进行完机构裁撤与增加之后，每个部门及员工能够清晰地认清自己的责任，明确自己的管理岗职责，管理人员要明确自身的权利与义务范畴；否则，企业的工作将会陷入混乱，对企业的正常经营造成影响。一般来说，企业进行组织结构调整都是缓慢进行的，员工与管理人员适应新的组织管理体系之后，才能够大范围地进行改造与调整。

2．管理灵活

企业的组织形式总的来说有两种：一种是垂直式，一种是扁平式。垂直组织

模式是指企业自上而下地逐级设置管理机构，下一级管理机构对上一级负责。这种组织方式的特点是，能够保证管理的全面性，保证企业管理的规范性；缺点是管理的效率比较低，各项管理措施的执行与实施需要逐层开会通知。扁平式组织方式是指在企业最高管理部门下，直接设置企业的其他功能部门，这些部门对管理层负责，扁平式组织方式的特点是管理效率高，各项管理措施与指令能够最快传达，且管理层能够及时收到基层的管理反馈；其缺点是管理层工作量巨大，对企业的长远发展有不利的影响。一般来说，在企业进行组织模式选择的时候，通常将垂直组织形式与扁平组织模式结合起来使用，充分发挥每种组织形式的优点，根据企业的具体情况尽量地避免缺点，以达到既能保证企业管理的灵活性，又能保证管理的秩序与权威性的目的。

实施服务创新战略的企业，要充分认清自身的优势与缺点，根据企业的具体情况进行合理模式分析与选择，尽可能保证企业业务流程以及管理过程能够高效、快速地完成。

(二) 优化企业业务流程

业务流程优化的主要目的是，降低企业的生产经营成本，提高企业的经营管理效率，提高企业产品与服务在市场上的客户评价，树立良好的品牌形象；与此同时，对企业的业务流程进行优化改造，能够提高企业的市场敏感度，在市场发生变化时能够尽快做出响应，从而提升企业的竞争力与长期发展的稳定性。在企业生产与销售的价值系统中，每一个业务流程对应的都是一套满足客户需求的服务系统，对企业的业务流程进行改造，能够显著地提升企业的服务水平与质量以及顾客的消费体验。

企业进行业务流程改造的主要环节包括：企业的原材料采购环节，生产环节，运输环节，仓储环节，销售环节，以及售后服务环节。这些业务流程几乎囊括了企业生产交易的所有过程。它们的改善与提高，能够提升企业的竞争水平与竞争能力，促进企业服务质量的提升。

在企业业务流程改造的环节中可能以采取的措施，我们可以从三个方面展开分析与说明：

第一，优化企业管理措施，建立起灵活、快速的管理系统，依此来保证企业进行各种管理活动的效率，以及在应对各种市场需求的变化时的影响时间，提高企业的管理质量。

第二，对企业的管理与生产流程进行调整，避免在各个环节中重复进行某些工作而造成不必要时间成本的增加，保证企业生产管理系统的精简与干练，保证管理的有效性。

第三，对企业的业务流程进行分解与重组，尤其是那些功能性较强的工作流程，一定要保证其辅助生产功能的实现；生产领域与管理方法则需要采用先进的技术与管理理念进行改造。

(三) 充分发挥政府的作用

我国的制造产业经过多年的发展，已经具备一定的规模，并且在发展中处于领先地位，某些行业已经达到世界先进水平。但从总体上看，我国高新技术产业制造业的发展品质与发达国家仍然有很大的差距。扶植新型高新技术项目，通过小企业、专业化的经营来提升我国专项高新技术制造企业的发展质量，是我国未来发展的重要方向。

在美国、日本、新加坡等国家，政府对制造企业的发展给予充分的帮助与扶持，在制造企业的发展与繁荣过程中发挥了重要的作用。我国要充分吸收与借鉴这些国家的有益经验，充分发挥政府与政策引导对制造企业发展的促进作用。政策的引导为制造企业的发展提供了很好的指引，除此之外还要充分利用经济手段对制造企业的发展进行帮助。比如，调整制造企业税收政策，对高新技术领域的制造企业给予收税减免等。制造企业的发展与繁荣，并不是靠一个方面的措施实现的，多种要素共同作用形成的合力是引导与促进制造企业发展的最终力量。在我国制造企业发展的过程中，要根据制造企业产品特点，给予相应的保护，尤其是制造企业产品与进口产品的竞争中，要给予一定的帮助。

（四）推进人才战略设施

制造企业的发展能够吸收大量的劳动力，因此离不开各种类型人才的支持与保障。在教育过程中，国家要针对制造企业的发展，制定专门的人才培养计划，尤其是中高端人才的培养，依托职业教育机构进行操作性人才培养，依靠高等教育与研发机构进行管理人才与研究人才培养，为我国制造企业的发展提供充足的人才保障。

无论是发达国家还是发展中国家，都知道人才的重要性。改革开放之后，我国的经济、教育事业有了很大发展。我们要充分利用改革开放的成果，培养制造企业发展的专门人才，尤其是在制造企业发展高端人才培养领域，一定要加快步伐。只有这样，才能促进我国制造企业发展的整体质量。

第四章 创新人才培养带动制造业创新

制造业是我国经济与社会发展的支柱，我国制造业的转型升级是产业发展到一定时期的历史必然，也是当今全球市场竞争急速加剧及环境资源与能源日益枯竭的迫切需求。对我国制造业创新型人才的培养与开发研究，是为适应我国制造业转型期面临的这一现实要求而提出的课题。

第一节 创新型人才的内涵

一、创新型人才的定义及特征

创新型人才，是指在一定的知识结构和前人或他人已经创造成果基础上，能将自身的创新素质合理地与其专业领域相结合，有新的发现并能想出新的办法，提出新的见地，建立新的工艺，创造新产品的人才。他们具有较强的创新能力，创造性成果的生产是他们劳动的结晶。

创新型人才的特征主要表现在以下四方面。

(一) 创新型人才的目标是构建学习型人生

学习型人生是指在人的一生中，能随时间、环境的变化以及社会的需求，不断调整自己的学习方向，主动适应环境的一种发现问题、分析问题和解决问题的能力。这种学习能力具有自主性、探索性和创新性，是一种挖掘和开发自我潜能的学习，具有很强的求知求解的欲望。

（二）具有鲜明的个性和独特的思维方式

创新型人才鲜明的个性和特有的思维方式，使他们敢于冒险，挑战未知领域，能够发现常人难以发现的问题并有能力找到解决问题的方法。

（三）想象力丰富，善于思考和设计

想象力是一种心理活动。想象力丰富的人能对不在眼前的事物勾勒出具体的形象，通过对已有材料进行加工、配置和组合，创造出新的产品。想象是创新的前奏，没有想象力，一切创新活动都无法展开。

（四）目标坚定，坚忍不拔，成就动机高

创新型人才把探索未知作为乐事，有很强的创新内驱力和很高的成就欲望，这种驱动力和成就欲望又激发了他们挑战风险和战胜困难的勇气。他们不畏艰险，不怕挫折，把艰难和挫折当作是对自己意志的考验与磨砺，在失败面前他们能够变挫折为前进的动力，不断调整行动目标，将战胜困难作为一种快乐。

二、创新型人才的评判标准

创新精神和创新能力是创新型人才的本质特征；同时，创新型人才还具有灵活、开放、好奇、精力充沛、韧性、注意力集中、想象力丰富和冒险等精神。创新型人才的判断标准，国内外有多种观点。

(一) 国外创新型人才评判标准

1. 拥有创造性思维

创造性思维是创新的基本前提，主要指思维方式的独创性、灵活性、新颖性和前瞻性等。这样的思维方式能保证在对事物进行独辟蹊径地分析、综合、判断和推理。

2. 拥有创造性个性

个性的独立自由发展是创新型人才成长与发展的前提，是创造型人才必须具备的内生特质。模式化或被套在种种条条框框里的一个模子里培养出来的人，不可能成为创新型人才。因为它会把千姿百态的个性磨蚀成单调划一的所谓的标准型的偶像，特立独行的个性则被视为另类或乖僻，所以要开发创新型人才，首先应该允许个性的存在与发展。

3. 拥有敏锐的洞察力

敏锐的观察能力、深刻的洞察能力、见微知著的直觉能力和一触即发的灵感和顿悟，能将观察到的事物与已掌握的知识联系起来，发现问题，在貌似千差万别的事物之间找到必然联系，发现事物的真谛，在寻常中求得不寻常的规律。例如，苹果落地使牛顿创立了"万有引力"学说，带细齿的野草划破了鲁班的手指使他发明了锯等事例，都证明了真知灼见的洞察力在创造性活动中的重要作用。

4. 拥有丰富的知识储备

个性和思维还只是为创造性活动提供了平台或创造的本体，本体离开创造性活动必备的物质材料则无法加工出创新性产品，这些物质材料就是相关的基础知识和专业知识。因此，创新型人才必须具有深厚而扎实的基础知识，了解相邻学科及必要的其他学科知识；同时，还要精通自己专业知识，掌握所从事学科专业的最新科学成就和发展趋势，这是从事创新研究的必要条件。

5. 拥有坚忍不拔的毅力

创造性活动要探索未知领域或对已知领域进行破旧立新，是个充满各种艰难险阻的过程与历练。所以，创造性人才必须具有过人的胆识和坚忍不拔的毅力，具有锲而不舍精神，遭到阻挠和诽谤不气馁、遇到失败不退却、不达目的不罢休的精神。如居里夫人凭借这样的毅力，发现了新的化学元素——镭。

6. 健全的身心是创造性活动的保障

健全的身心素质指健康的体质与健康的心理。"身"即思维之所托，"心"即人格、人品和道德等，是立"身"之本。"君子务本，道由之生"。这里所说的"德"，指创新型人才的活动必须以造福社会和人类为己任，能明辨是非，让自己的创造性劳动给社会、自然和人类带来福祉。

7. 身体力行和严谨务实的工作态度

创造性活动的成功离不开严谨求实的工作作风，创新实践必须遵循科学，依据事物的客观规律进行探索，任何的空想和有悖于自然规律的行为都无法得到客观科学地反映事物本来面目的结论；否则，即使得到某种结论，也会受到自然法则的惩处。

8. 创造性成果或业绩的先进性与时代性

"先进性"强调人才劳动成果必须能促进社会和人类的进步；"时代性"强调人才劳动成果服务于特定历史时期。而且，这样的成果或业绩具有可衡量性、效率性与效益性，将它用于实践，不但能指导实践，而且能产生良好的社会和经济效果。

(二) 国内创新型人才评判标准

1. 科学人才观

我国共产党对人才的培养极为重视，提出了"科学人才观"。指出："人才存在于人民群众之中。只要具有一定的知识或技能，能够进行创造性劳动，为推进社会主义物质文明、政治文明、精神文明建设，在建设有我国特色社会主义伟大事业中做出积极贡献，都是党和国家需要的人才：要坚持德才兼备原则，把品德、知识、能力和业绩作为衡量人才的主要标准，不唯学历、不唯职称、不唯资历、不唯身份，不拘一格选人才。鼓励人人都做贡献，人人都能成才"。

2. 素质观

素质观强调进取与开拓精神，强调永不满足的求知欲、永无止境的创造欲望、强烈的竞争意识、独立完整的个性品质和高尚情感等。

3. 能力观

能力观认为，独创性，即能够提出、分析和解决问题，开创事业新局面，对社会物质文明和精神文明建设做出创造性贡献，是判断创新型人才的重要标准。具有创造性能力的人，一般基础理论坚实、科学知识丰富、治学方法严谨，勇于探索未知领域和具有为真理献身的精神和良好的科学道德。他们在继承人类优秀文化遗产基础上，致力于最新科学成果的创造与开拓。

第二节　制造业人才创新的影响因素及其培养的必要性

一、制造业人才创新的影响因素

如表 4-1 所示，企业影响人才创新成功的因素主要包括：有创新精神的企业家，充足的经费支持，高素质的技术人才，员工对企业的认同感，企业内部的激励措施，有效的技术战略或计划，畅通的信息渠道，可靠的创新合作伙伴，以及优惠的政策扶持等。诸因素中，不论是规模以上工业企业还是制造业企业，有创新精神的企业家和高素质的技术人才，在产品或工艺创新企业中的比例都在 50%以上。这说明企业创新要获得成功，必须要具备高素质或能力强的技术人才和具有开拓进取精神的领军人才。其次，技术战略或计划，经费支持以及员工对企业的认同，内部激励措施和顺畅的信息沟通渠道，对保障和激发员工创造性工作或劳动也具有重要作用。可靠的合作伙伴和优惠政策的扶持，对人才创新的助推功能不容忽视。

表 4-1　某种因素对创新获得成功的影响程度为"高"的企业分布情况

	占产品或工艺创新企业数的比例(%)								
	有创新精神的企业家	充足的经费支持	高素质的技术人才	员工对企业的认同感	企业内部的激励措施	有效的技术战略或计划	畅通的信息渠道	可靠的创新合作伙伴	优惠政策的扶持
规模以上工业企业	66.0	44.8	57.0	41.8	40.6	44.6	40.0	30.2	30.8
制造业	66.2	44.8	57.3	41.8	40.7	44.8	40.1	30.4	30.9

根据这些因素在企业人才创新中影响程度的不同分析，可以看出，企业创新是创新团队集体工作的过程，创新成功首先取决于高层次创新带头人和高素质技术人才。他们对企业的忠诚、对企业创新战略的认同，决定着企业创新活动的发展方向。同时，企业创新涉及不同专业、不同层次人才的创造性劳动。在共同技术战略指导下，不同专业、学科人才的协调与信息沟通、知识、能力及经验的传承，对企业创新团队工作效率和创新成果的有效性同样起着非常重要的作用。由此可见，企业创新成功的关键因素还是人才。人才具有创造性、独立性、自主性等特点，对人才的开发就是对人才才智的发掘，人才的创造能力不可掠夺，只可激发。激发的前提就是首先要尊重人才的创造性劳动成果，以其劳动成果为依据，给予人才实现自身价值的机会。其次，为人才营造一个宽容、自由的研究开发环

境，充分发掘人才"情商"，通过"情商"把人才"智商"与企业技术战略目标紧密联系，由此提高人才创新性工作的主动性与目标性，并尽快实现我国制造业人才开发的科学性和有效性。

二、培养制造业创新型人才的必要性

人力资源培养是涉及个人、企业、学校、培训机构及政府等多个投入体的问题。培养客体为"人"，培养主体包括家庭、学校和政府等，培养途径有学校正规教育、社会培训机构、师徒制、网络视听、个人自学、使用开发、流动开发等多种形式。创新型人才是人力资源中具有开拓进取精神且具有较高程度知识、技术和技能素质的一类群体，这类群体发现问题、分析问题及解决问题的能力较强。我国制造业对这类人群的开发活动，主要体现在对人才创新活动投入、产出以及政策支持等使用开发方面。

（一）我国制造业创新型人才培养现状

2015 年，我国规模以上工业企业研究开发试验活动经费内部支出合计为 3 777.2 亿元，制造业为 3 014.24 亿元，占比 79.8%；R&D 人员投入工业企业合计为 162.4 万人年，制造业为 120.76 万人年，占比 74.36%；R&D 项目数工业企业合计为 194 553 项，制造业为 124 649 项，占比 64.07%，如表 4-2 所示。

表 4-2　规模以上工业企业研究与试验发展（R&D）活动情况

	R&D 人员全时当量(万人年)	R&D 经费内部支出(亿元)	R&D 项目数(项)
工业企业合计	162.4	3 777.2	194 553
制造业	120.76	3 014.24	124 649

在 2015 年的统计中，我国规模以上工业企业开发新产品经费合计为 4 483 亿元，制造业为 3 550.4 亿元，占比 79.20%；新产品销售收入工业企业合计为 65 840.4 亿

元,制造业为 57 177.6 亿元,占比 86.84%,其中新产品出口工业企业合计为 11 573.5 亿元,制造为 10 598 亿元,占比 51.97%,如表 4-3 所示。

表4-3 2015 年规模以 E 工业企业新产品开发及生产情况

	开发新产品经费(亿元)	新产品销售收入(亿元)	新产品出口(亿元)
工业企业合计	4 483	65 840.4	11 573.5
制造业	3 550.4	57 177.6	10 598

我国规模以上工业企业专利申请数合计为 267 721 件,制造业为 162 694 件,占比 60.77%;其中,发明专利工业企业合计为 92 732 件,制造业为 61 470 件,占比 66.29%;有效发明专利工业企业合计为 118 288 件,制造业为 78 905 件,占比 66.71%,如表 4-4 所示。

表4-4 2015 年规模以上工业企业专利情况

	专利申请数(件)	发明专利数(件)	有效发明专利数(件)
工业企业合计	267 721	92 732	118 288
制造业	162 470	61 470	78 905

在 2015 年的统计中,我国出口贸易中,高技术产品、工业制成品及初级产品分别为 3 769 亿美元、11 385 亿美元和 631 亿美元,各自占商品出口贸易的 31.4%、94.8%、5.3%,如表 4-5 所示。

表4-5 高技术产品、工业制成品和初级产品的出口贸易额

	绝对数(亿美元)	占总额比例
商品出口贸易	12 016	商品出口贸易总额(合计=100)
工业制成品	11 385	94.8
高技术产品	3 769	31.4
初级产品	631	5.3

（二）我国制造业转型升级要求培养创新型人才

从表 4-1、表 4-2 可以看出，我国制造业在研究与试验发展、新产品人员投入、活动经费及项目与新产品销售收入在工业企业中都占有较高比例。这反映我国制造业在科学技术领域进行系统的创造性活动人才使用及其投入与产出已经具备了一定规模、实力和竞争力。

从表 4-4 可以看出，制造业专利申请数、发明专利数在规模以上工业企业中也都在 60% 以上。专利是反映拥有自主知识产权的科技和设计成果情况的指标，发明专利是国际通行的反映拥有自主知识产权技术的核心指标，而且有效发明专利占规模以上工业企业的 66.7%。从表 4-5 可以看出，我国出口贸易中，工业制成品为 11 385 亿美元，其中高技术产品为 3 769 亿美元，占比 31.4%。由此可以说明，我国制造业人才创新拥有的自主知识产权成果在国内已具备了较强竞争力，但在国际市场上的份额仍然需要提高；同时，有效发明专利占比较高说明制造业发明专利产业化程度较高，能带来一定经济效益。不过，我们需要看到的是，我国商品出口中，工业制成品的比例在出口贸易中达到了 94.8%，高技术产品占出口贸易商品的 31.4%；一方面说明我国还是制造大国，另一方面说明高技术产品的设计与生产还存在较大提升空间。

综合分析我国制造业在人才创新型活动的投入与产出，创新型人才的使用开发具备了一定规模，但制造业要融入全球市场，参与全球产业链的竞争，高新技术产品的设计与生产力量尚需进一步加强。高新技术产品是高新技术产业化的结果，高新技术的开发是人才创造性劳动的结晶，创造性劳动的显著特征是"拓展性"和"新颖性"。创新型人才的培养，强调人才培养过程中知识、信息、能力等能量传递的成长性或发展性，是一个生生不息的"扬弃"或"创新"过程。

(三) 我国制造业技术发展战略要求培养创新型人才

面对制造业全球化发展趋势，根据有关调查，我国制造业未来计划采取技术战略企业的分布状况为：规模以上工业企业占全部企业数量的 83.5%，制造业占全部企业数量的 84%；在企业涉及的产品领域中保持创新领先地位的，规模以上工业企业占全部企业数量的 18.1%，制造业占全部企业数量的 18.8%；赶超国际同行业创新领先水平企业方面，规模以上工业企业占全部企业数量的 2.7%，制造业占全部企业数量的 2.9%；赶超国内同行业创新领先水平企业方而，规模以上工业企业占全部企业数量的 9.0%，制造业占全部企业数量的 9.1%；通过增加研究开发投入提升创新实力的，规模以上工业企业占全部企业数量的 35.4%，制造业占全部企业数量的 35.7%；保持现有技术水平和生产经营状况的，规模以上工业企业占全部企业数量的 17.7%，制造业占全部企业数量的 17.0%。制造业在未来采取技术战略和提升创新实力的比例分别为 84% 和 35.7%，如表 4-6 所示，位于其他指标之首。提高自身产品和工艺的技术含量以及创新实力，关键在于创新型人才的培养，激发人才的创造活力。我国制造业未来技术发展战略明确了企业人力资源的培养方向，即人才创造力的培养。

表 4-6 未来采取技术战略的企业分布情况

	占全部企业数的比例(%)					
	未来采取技术战略	在企业所涉及的产品领域中保持创新领先地位	赶超国际同行业创新领先水平	赶超国内同行业创新领先水平	增加研发投入，提升创新实力	保持现有的技术水平和生产经营状况
规模以上工业企业	83.5	18.1	2.7	9.0	35.4	17.7
制造业	84.0	18.8	2.9	9.1	35.7	17.0

第三节　我国制造业创新型人才开发体系
的运行与运行规律

一、我国制造业创新型人才开发体系的运行

在我国制造业转型期，人才应该指具有一定的专业知识或专门技能，能够胜任岗位职责要求，进行创造性劳动并对企业发展做出贡献的人，是人力资源中能力和素质较高的员工。这一复杂系统中，产业、企业和个人属于不同的利益主体，转型升级是制造业的产业目标，利润最大化是产业中各企业的最终目标追求，寻求个人发展及个人经济利益最大化是个人目标追求，这些主体的目标及追求有联系，但也不乏冲突。如何协调不同利益体的目标利益和追求，使这一复杂系统能有序高效运转，重点要解决的是使人才个人、企业和制造业产业中各要素按什么方式运行的问题，即运行机制问题。而且对这一复杂系统的运行机制来说，由于系统涵盖范围广，牵涉的要素多，无法由某一机制实现不同利益主体的不同目标，因此，必须建立一套完整的机制体系，共同实现各主体的不同利益。

(一) 激励机制

人才创造潜力的激发、外部人才流入企业是有前提条件的。因为创新就意味着改变，"改变"将使企业面临众多不确定性或风险，企业并不是每个人都愿意接受这种挑战，这里的前提条件主要指企业的人才激励措施与管理制度。企业要制定有效使用、引进并激励人才的措施，必须先了解和把握知识型员工的特点，才能建立行之有效的激励机制。知识型员工一般具有创造性、独立性、自主性和流

动性等特点。经济收入对他们来说固然重要，但他们更看重个人创造性劳动成果能够得到企业的认可，得到社会的承认并由此实现自身价值。因此，对知识型员工才智的激发，在给予一定的物质激励的同时，还应该给以精神激励、情感激励和荣誉激励。

1. 物质激励

物质激励必须公平，不能搞"平均主义"。因为知识型员工对他们所得报酬是否满意不是只看其绝对值，而要进行纵向或横向比较，判断自己是否得到了公平对待，从而影响自己的情绪和工作态度。有关研究表明，实行平均奖励，奖金与工作态度的相关性只有 20%；进行差别奖励，奖金与工作态度的相关性能够达到80%。

2. 精神激励

精神激励包括工作追求激励、工作内容激励以及工作过程激励。工作追求激励指使人才个人目标追求与企业目标追求统一起来，即通过股权激励、分红等手段使两者的利益趋于一致，企业的成败得失就是人才个人的成败得失；工作内容激励就是在科学评价人才素质基础上，把合适的人才安排到合适的岗位上，以便充分调动人才创新的积极性；工作过程激励指给予人才参与管理机会，因为人才的自主性特点决定人才具有参与管理的要求和愿望，创造和提供一切机会让人才参与管理是调动他们积极性的有效方法。精神激励是在较高层次上调动人才的工作积极性，其激励深度大，维系时间也较长。

3. 情感激励

情感激励指加强企业人力资源管理者与人才的感情沟通，尊重人才，尊重人才的劳动成果，使之始终保持良好的情绪和高昂的工作热情。情绪具有一种动机激发功能，因为在心境良好的状态下工作思路开阔、思维敏捷、解决问题迅速。因此，加强企业人力资源管理者和人才之间的联络与协调，是情感激励的有效方式。

4．荣誉激励

荣誉激励是一种行为规范式的激励手段。人才采取什么样的行为，为企业创造了令人满意的业绩，或给企业带来了良好的社会效应，企业通过公众途径对该行为进行表扬或宣传，在公众中树立人才模范形象。这种激励方式简单易行，成本低，效果好。

以上各种激励手段在激发人才创造性工作时目标一致，作用及其效果各有差异，但它们之间相互依存、相互补充，共同构成了人才开发的有机的激励体系，其协同作用产生的效应要大于单个激励手段或这些激励手段简单相加时产生的效果。

（二）流动机制

流动机制是指人才管理系统的组织机构、政策原则、制度保障、工作项目、内容、程序、方法和人才市场等各组成要素相互联系、影响和相互协调，共同构成了人才流动所必须具备的自适应体系。该体系应该具有动态、有序、开放和灵活等特点，能有效推动人才交流和智力开发。

1．人才流动的政策法规引导机制

为保证人才良性有序流动，首先，从法制上保证人才交流机构和人才市场的合法性，认可其人员编制，确立其地位和权益，明确其任务和职责，人才在流动期的政治权益、生活津贴、档案材料都受到法律保护。其次，人才流动的双向选择性，即人才有择业权、辞职权、应聘权；用人单位有用人权、招聘权、辞退权。再次，人才流动政策的科学性，制订到边远地区和基层艰苦工作岗位上工作的优惠政策，如向上浮动工资提高级别，解决家属子女农转非户口等，吸引人才去艰苦地区创业，引导人才顺向流动。

2．人才流动的市场机制

该机制主要包括人才供求机制、人才价格机制以及人才岗位市场竞争机制等内容。其中，人才价格机制是人才流动市场机制的核心。人才价格机制指在人才市场竞争过程中，与供求相互联系、相互制约的人才市场价格的形成和运行系统，人才价格变动与其供求变动之间相互制约、相互影响和相互作用。人才价格的波动会引起人才供求的变化；反之亦然。人才价格机制是人才市场机制最敏感、最有效的调节器。人才供求机制是调节人才市场供给与需求矛盾，使之趋于均衡的系统。人才供求关系受人才价格和人才岗位市场竞争等因素的影响，供求关系的变动又能引起人才价格的变动和竞争。人才岗位市场竞争机制也是人才市场机制的重要内容之一，人才岗位市场竞争可以是企业内部人才个体与个体之间为获得某一岗位在能力、素质以及适应性等方面的争夺；还可以是企业与企业之间为得到更优秀人才而争相提供的更富于吸引力的岗位和岗位条件。人才岗位竞争是优胜劣汰的重要手段和方法，也是人才脱颖而出的有效途径。

3. 人才流动计划及宏观调控机制

该机制包括两方面内容：一是国家人事计划的宏观调控机制，从整体上保证职工人数的计划发展和人才的正常交流与配置，防止盲目性和自由化倾向；二是人事计划的中观、微观放活机制："放权"，向基层和企业下放用人权；"转制"，由单一的人事计划管理转向市场化、企业化管理；"放开"，允许人才实行多形式和多渠道择业，如自荐、招聘、双向选择、业余兼职、个体从业、承包创业等，做到择业自主，就业对口。

4. 人才储备及信息传递机制

该机制指要在全社会或全球合理配置人才资源，人才市场首先必须建立大容量、网络化、高速度、大服务的信息技术支持系统。该系统必须具备第一流的现代化信息设备和信息管理人才，且具备覆盖全省、沟通全国并同国际相连的信息网络，使各地人才紧缺和人事需求信息能很快进行交流、储备和传递，做到人才流动信息的准确和高效。

5. 人才流动的一体化社会保障机制

该机制指人才流动过程中，医疗、养老、失业、住房、职称、户籍、档案、人力资本产权等要素构成的动态的人事管理体系。该体系的有效有序运行直接影响人才的良性流动。人事管理部门应该逐步放松行政、编制、工资、户口、住房及地域等对人才流动的控制，为人才调剂到合适的部门或单位创造条件，进一步优化人才资源的配置。

(三) 分配机制

分配机制是对企业收益的所有权和占有权进行划分，以保证其合理归属与运用。企业是由财产所有者、业务经营者和劳动者组成的集合，这三者分属不同的利益主体，通过一定的契约关系聚集在一起，在系列规则、制度及流程的控制下履行着各自对企业应该履行的职能，使企业得以运转，并分享企业运转带来的成果。如何分享、分享多少、何时分享等问题就是企业分配制度应该重点解决的问题，分配合理，则加速企业朝实现其目标的方向运转；否则，将妨碍企业有效运转。因此，企业必须建立一套完整的收入分配体系并使其按照一定规则有机运行。

目前，在我国主要以按劳分配为主。因为资本所有者享有企业剩余索取权和最终控制权，资本的报酬不是由企业的分配方式决定的，而是由最终的经营成果决定的。按劳分配指把劳动量作为个人消费品分配的主要标准和形式，按照劳动者的劳动数量和质量分配个人消费品，多劳多得，少劳少得。按劳分配是社会主义公有制中个人消费品分配的基本原则，是社会主义公有制的产物，又是社会主义公有制的实现，是对剥削制度的根本否定，是历史的一大进步。

按劳分配在不同的社会发展时期及不同的经济发展阶段，其内涵并不一样。在社会主义发展之初，社会财富短缺时期，国家为保证国民生存必需的基本生活需要，实行计划经济的发展模式，企业所有权由国家掌控，社会供给严重不足，根据劳动的数量和质量，有计划地分配社会财富，具有存在的必然性与现实性，且对于调动劳动者的社会主义积极性、建设社会主义有重大作用。随着社会的发展，社会财富积累的不断增长，社会主义经济模式发展成为以公有制为主体、多种所有制经济并存、计划经济指导下的市场经济形式，企业所有权与经营权分离，市场上产品供给日益丰富，市场对产品科技含量的要求越来越高，要求劳动者必须具备较高的知识、技术和技能水平，劳动者劳动的数量和质量也因此被赋予了新的内涵。首先，劳动者获取劳动报酬的途径发生改变，不再由国家统分统配，由企业根据劳动者劳动的岗位实行分配。其次，劳动的衡量标准复杂多样，劳动有有效劳动、无效劳动之分；有一般劳动、具体劳动之别；有复杂劳动、简单劳动之异。衡量标准的复杂性导致了"按劳分配"的局限性，需要采取其他分配方式对"按劳分配"实行补充。

（四）反馈机制

反馈又称回馈，控制论基本概念之一。指将系统输出信息返回到输入端并以某种方式改变输入，进而影响系统功能的过程。人才开发涉及人的心理、人的行为、管理学、经济学等方面的内容，是一项复杂的系统工程。这里在控制论"反馈"概念基础上，提出人才开发的反馈机制，意指在人才生态开发中，人才开发效果及其效应返回到人才开发动力机制系统中，系统中人才开发决策者将根据返回信息修正人才开发对象、开发评价体系；在此基础上，制定相应的收入分配制度和激励政策与措施，以期在一定时期内提高人才开发的效率与效果，达到实现企业预期发展目标。具体讲，就是对人才开发所产生的效果与设定的人才开发目标进行对比，找出差距，然后采取相应对策。如果员工在工作岗位上取得了预期的业绩，则说明人才开发投入产出与设定的标准无偏差；如果员工在岗位上取得的业绩大于或小于设定的标准，则说明人才开发的投入产出与设定的标准存在偏差，必须采取措施，矫正偏差。

二、创新型人才开发体系运行机制的联动

全球制造业竞争日益激烈，其发展模式正处在深度调整中。它不仅是一场技术变革和商业模式的变革，而且是产业发展主导权的重新争夺。产业发展主导权

来源于无法模拟的具有竞争力的产品及其服务，差异化的产品及其服务取决于产业的技术创新及基于信息化的独特的商业服务模式即服务型制造。我国制造业作为全球制造产业链的一部分，创新及改变商业服务模式是转型升级的发展方向及必然选择。创新及改变商业服务模式对当前我国制造业来讲，最紧缺的是创新型人才。创新型人才开发体系的机制系统各子系统在发挥自身作用的同时，又相互联系、相互制约，互为因果，如图 4-1 所示。

对企业来说，全球竞争是其创新型人才开发的直接动力；对人才自身来说，寻求自我价值实现的事业追求，是其自我才智开发的直接且持久的动力。企业需要人才的创造力，人才需要企业提供的能让人才施展才智的平台，两者不同的需求统一于企业利润追求这一目标的实现上。不同利益主体，动力来源不同。如何把各自的动力变成一种合力并服务于同一目标，需要建立能够协调它们的动力机制，使之良性运转。

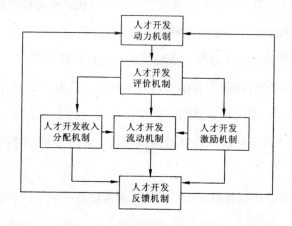

图 4-1　人才开发体系运行机制的联动

共同的利益把企业与人才捆绑在一起，为使人才充分发挥自身创造能力，企业必须考虑把合适的人安排在恰当的岗位上并激发其创造热情。用人不当是资源的浪费，收入分配错位或激励偏差，会严重打击人才创新的积极性，是对人才创造性的扼杀。因此，企业必须建立科学的人才评价机制，根据企业岗位需求，科学评估人才素质，以做到人岗适配。

企业使用人才时，对人才创新绩效必须给予客观、如实、公正的评价，并制定公平的薪酬体系和富于激励性的奖励分配制度；在收入分配及人才激励过程中做到有的放矢，建立公平合理的收入分配机制和人才使用开发的激励机制，如奖金、分红和股权等，提高收入分配及激励措施的有效性。

动力机制、评价机制、收入分配机制和激励机制都会成为人才流动的诱因。人才流动是一把双刃剑，企业可能因为掌握有核心技术员工的流失面临风险，但也会因为人才流动激发员工工作热情或给企业带来新鲜血液。就企业来说，完善人事管理体系是预防人才流失风险的有效手段；就政府和人才市场来说，灵活合理的人才人事管理政策法规、社会保障、人事规划与调控、开放规范的人才市场，以及通畅的人才资源信息网络，能保证人才流动开发的及时性和有效性。人才流动牵涉到企业内部和外部各要素，管理复杂，应该建立流动机制来协调不同要素的功能，减少因人才流动不通畅影响资源的合理配置。

人才匹配、评价、收入分配、激励与流动过程中投入所产生的效率和效果，距离企业战略目标的实现是否有偏差，是正偏差，还是负偏差，还是正好满足实现目标的需要，企业应该建立相应的反馈机制，向企业人才开发动力源的企业和个人决策者提供返回信息，以改进或修正人才开发机制系统中各环节的政策或措施。

因此，我国制造业创新型人才开发的机制系统是一个完整的循环回路体系。而且每循环一次，都向更完善的层级接近一步，在制造业产业链平台上实现不同人才种群的演变与发展。

三、我国制造业创新型人才开发体系的运行规律

(一) "木桶"定律

当前，我国制造业 R&D 人员按全时当量统计，达到 120 多万人年；全国 R&D

人员按全时当量统计，为 130 多万人年；制造业从事 R&D 活动的人员占全国的 92.45%，如表 4-7 所示。巨大的从事研究与实验开发工作的人力资源存量表明，我国制造业创新型人才的开发潜力雄厚。再从我国制造业 R&D 人员活动投入产出比状况看，制造业 R&D 经费投入在工业企业中针对其产出是最低的，而反映产出指标的新产品产值和新产品销售收入针对其投入经费来看却是最高的。这一状况说明我国制造业转型升级之初，不但研发人员数量大，而且创新能力强，如图 4-2 所示。从创新成果的有效发明专利看，创新成果的针对性强，产业化程度高。有效发明专利反映创造性成果产业化时被市场接受的程度，如图 4-3 所示。因此，我国制造业丰富的创造性资源有待于企业去挖掘。企业采用什么样的激励手段才能充分调动现有人才的创造性潜力，这是当前值得我国制造业产业链上各企业人力资源管理者深刻研究的问题。

表 4-7　我国制造业 R&D 人员与全国 R&D 人员对比

来　源	规　模
制造业 R&D 人员全时当量(人年)	1 207 551
全国 R&D 人员全时当量(人年)	1 306 179

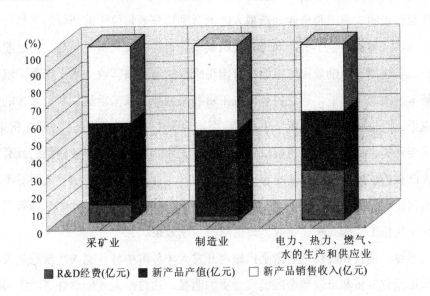

图 4-2　研发投入产出分布图

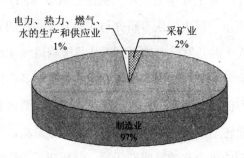

图4-3　有效发明专利分布图

　　根据对我国规模以上工业企业和制造业激励措施对创新活动激发效果状况分析，在规模以上工业企业中，采取奖金或提成实行创新激励的企业占有创新活动企业数的 45.3%，增加岗位工资实施激励的占有创新活动企业数的 41.1%，通过住房、股权和期权实行激励的占有创新活动企业数的比例分别是 8.1%，5.6%，2.3%；制造业采取奖金或提成实行创新激励的企业占有创新活动企业数的 45.4%，增加岗位工资实施激励的占有创新活动企业数的 41.4%，通过住房、股权和期权实行激励的占有创新活动企业数的比例分别是 8.2%，5.7%，2.4%，如表 4-8 所示。这些数据说明，我国制造业创新型人才的激励措施效果位于前两位的仍然是奖金或提成以及增加岗位工资，这也与我国制造业目前的收入水平相当。虽然股权和期权在发达国家激励效果好，但在我国现阶段制造业整体收入水平不高、温饱问题基本解决的条件下，通过提高岗位工资和奖金或提成来承认创新型人才的创造性成果比股权和期权激励效果更直接、更符合人才目标追求的现实。就住房来说，我国企业提供住房主要从租赁或补贴入手，人才并不能得到企业提供的具有人才个人产权的住所。在我国住房市场化改革后，企业的有限的住房补贴面对不断攀升的房价就显得微不足道了。因此，住房措施在创新型人才活动中激励效果也远远低于岗位工资提高和奖金或提成措施的激励效果。

　　不过，期权和股权这些激励措施对开发人才种群中领军型人才激励效果相对于增加岗位工资和给以奖金或提成会更加明显。通过给人才创造性劳动成果按股权和期权的方式承认其人力资本产出的产权，更能实现高层次创新型领军人才的自我价值。因为对他们来说，对事业成功感的追求大于单纯收入水平的追求。

表 4-8　我国制造业企业激励措施效果比较

企　业	占有创新活动企业数的比例(%)				
	住房	股权	期权	增加岗位工资	奖金或提成
规模以上工业企业	5.6	2.3	41.1	45.3	8.1
制造业	5.7	2.4	41.4	45.4	8.2

综上所述，我国制造业创新型人才的生态开发符合"木桶定律"，即木桶装水的容量取决于木桶自身的短板，而不是取决于木桶的长板。用该定律阐释我国制造业创新型人才的生态开发，首先要解决的是，通过增加岗位工资和给以奖金或提成，激发多数创新型人才的创造性；然后，通过股权或期权或住房对高层次人才实行差异化激励，通过这种差异化的激励措施体系，更好地调动不同层次人才的创新积极性与主动性。

（二）梯度流动律

"梯度"概念由产业梯度转移理论延伸而来。产业梯度转移即产业区域转移理论认为，区域经济发展取决于其产业结构的状况，产业结构的状况又取决于地区主导产业在工业生命周期中所处的阶段。如果其主导产业部门由处于创新阶段的专业部门所构成，则说明该区域具有发展潜力，因此将该区域列入高梯度区域。随着时间的推移及生命周期阶段的变化，生产活动逐渐从高梯度地区向低梯度地区转移。按照产业区域转移理论，创新活动是决定产业区域发展梯度、产业层次的决定性因素，创新活动大都发生在高梯度地区。

该理论分析我国制造业产业链当前状况，就人才使用开发投入产出指标看，我国工业研究与试验发展(R&D)人员、经费、项目、有效发明专利、新产品产值等各项指标，不论相对值还是绝对值，制造业都居第一位，如表 4-9、表 4-10 所示。

表4-9 按行业分大中型工业企业 R&D 活动及新产品相对值比较

行 业	人均R&D经费 (万元)	R&D 人员 人均项目数 (项)	R&D 人员人均 有效发明专利 数(件)	R&D 人员人 均新产品产 值(万元)	R&D 人员人均新 产品销售收入 (万元)
采矿业	20.39	0.085	0.022	98.91	92 95
制造业	24.96	0.103	0.06 5	479.24	473.50
电力、热力、燃 气和水的生产 和供应业	18.19	0.141	0.053	21.6l	24.75

表 4-10 按行业分大中型工业企业 R&D 活动及新产品绝对值比较

行 业	R&D 人员 全时当量 (人年)	R&D 经费(亿元)	R&D 项数(项)	有效发明 专利数(件)	新产品 产值(亿元)	新产品销售 收入(亿元)
采矿业	81 861	166.903	6 983	1 816	809.709 5	760.896
制造业	1 207 551	3 014.235 4	124 649	78 905	5 7 870.786	57 1 77.591 5
电力、热力、燃 气和水的生产和 供应业	16 701	30.383 7	2 360	892	36.084 4	41.333 2

研究与试验发展(R&D) 指在科学技术领域，为增加知识总量，以及运用这些知识去创造新的应用所进行的系统的创造性活动。国际上，通常采用 R&D 活动的规模和强度指标，反映一国的科技实力和核心竞争力。R&D 人员反映投入从事拥有自主知识产权的研究开发活动的人力规模；R&D 经费与新产品产值等反映从事创造性活动的投入产出规模；专利反映拥有自主知识产权的科技和设计成果情况。

从人才自身流动特点看，人才流动动机主要有两类：一类是个人职业生涯发展需求驱动；另一类由收入水平因素驱动。个人职业生涯发展一般取决于人才市场需求，产业人才市场需求是产业市场需求的派生需求，所以个人职业生涯的发展与产业市场对人才的需求是一致的。我国制造业个人职业需求的动力来自产业的转型与升级，而转型升级中产业呈现层级转移趋势，因而我国制造业人才流动也将呈层级流动趋势，由我国产业链的制造环节流向流通及生产性服务环节。另外，人才个体对高收入水平的追求，将促使人才流向收入报酬更高的行业。我国转型升级开局时期，制造业与相关行业如金融、物流等的平均收入水平分布状况为：平均工资处于前三名的行业是金融业、信息传输、计算机及软件服务业和科技服务及地质勘查业。在八个行业中，制造业的平均工资水平为最低，如表4-11，图4-4所示。在较高平均工资的驱动下，人才会流向较高水平工资的行业，特别是对即将进入人才市场的准人才，其流动成本不高，为尽快收回其人力资本投入成本，在行业选择时更多将选择工资水平高的行业就业。对制造产业链的现有人才，流动成本较高，但整个制造业的转型升级随着高新技术的使用，不同人才种群在知识、信息及能力等方面的相互影响，人才综合素质会得到很大提高；同时，人才就业能力也会因之增强，流动性会变大，尽管现有人才流动成本较高，但与预期的高收益相比，流动成本便能得到补偿。因此，不论是现有人才还是即将进入市场的准人才，选择高收入水平的行业就业是理性选择，也是伴随产业转型升级人才流动的趋势所在。

表4-11　我国城镇单位就业人员平均工资

行　业	2005 年(元)	2006 年(元)	2007 年(元)	2008 年(元)	2009 年(元)
采矿业	20 449	24 125	28 185	34 233	38 038
制造业	15 934	18 225	21 144	24 404	26 810
电力、燃气及水的生产和供应业	24 750	28 424	33 470	38 515	41 869
交通运输、仓储和邮政业	20 911	24 111	27 903	32 041	35 31 5
信息传输、计算机服务和软件业	38 799	43 435	47 700	54 906	58 154
批发和零售业	5 256	17 796	21 074	25 818	29 139
金融业	29 229	35 495	44 011 ·	53 897	60 398
科学研究、技术服务和地质勘查业	27 155	31 644	38 432	45 51 2	50 143

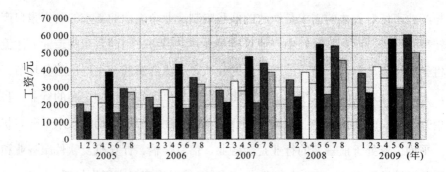

图 4-4　按行业分城镇单位就业人员平均工资比较

1. 采矿业；2. 制造业；3. 电力、燃气及水的生产和供应业；

4. 交通运输、仓储和邮政业；5. 信息传输、计算机服务和软件业；

6. 批发和零售业；7. 金融业；8. 科学研究、技术服务和地质勘查业

　　综上所述，无论从人才种群的流动，还是从人才个体流动特点分析，我国制造业人才的流动都呈现梯级流动的趋势，即由我国制造业产业链的制造、加工环节，向金融、科技服务和物流、营销、信息服务等生产服务型环节流动，如图 4-5 所示。这一流动趋势将助推我国制造业转型升级的进程。也只有制造产业链两端生产服务水平达到了国际水准，制造产业链的制造和加工环节才能真正实现从低端的制造向高端的研发和服务型制造转变，我国制造业也才能真正融入全球制造产业链的框架中。

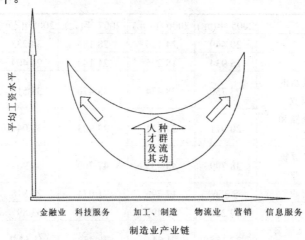

图 4-5　我国制造业人才种群流动趋势微笑曲线

第四节　产业升级背景下的制造业创新人才培养

一、我国制造业转型升级核心技术所需的知识体系

(一)　我国制造业转型升级的内涵

2011 年 3 月，第十一届全国人民代表大会第四次会议审议并通过了"十二五"规划纲要。这标志着我国全面进入实施新的五年计划时期。"十二五"规划纲要确定了我国制造业"加快产业结构调整、由制造业低端向高端转变"的发展目标。"目标"蕴涵了两层意思，一是产业结构的转变；二是产业发展水平的提升。我国制造业目标的成功实施，必须尽快完成以下转变，即"从注重生产能力的扩张到注重技术能力的积聚转变，从主要依靠投资和出口拉动到主要依靠技术进步和提高劳动者素质推动转变，从生产型制造到服务型制造转变，从世界制造业产业链低端到世界制造业产业链高端转变，以及从对环境挤压到对环境友好转变"(朱森第，2010)。对我国制造业企业来说，在转型升级过程中，面临着新技术、新材料、新工艺及新能源的使用，实现设备升级、产品升级、客户升级、价格升级，由初级产品供应者转变为国际化的高端产品制造者，并通过创建自有品牌、满足顾客需求和建立品牌价值来获取更高回报的艰巨任务，企业必须因应市场，随时调整自身发展与经营战略，提高资源整合能力与企业核心竞争力，准确定位目标市场，选择与企业发展匹配的盈利模式，在"客户价值创造"、"快速市场响应"及"差异化服务"等理念指导下，发现需求、创造需求并实现客户价值，建立客户资产，通过客户资产实现企业盈利目标。

（二）我国制造业转型升级所需核心技术构成

我国制造业的转型与升级，技术积累与创新是关键。美国国家研究署在《2020年制造业的远景预测》中，提出了 2020 年制造业必须具备的十大关键技术，即"可重构制造系统、绿色制造、技术创新工程、用于制造的生物技术、建模和仿真、知识工程、产品和过程设计的新方法、改善人机界面、新的教育体系和方法、智能化软件"(张曙等，2008)。当前，我国制造业遭遇的"用工荒"，按国际经验，应该是促进产业转型升级的前奏：从短期看，"用工荒"会造成劳动力成本上升，压缩制造业的利润空间，影响制造业出口的国际竞争力；从长远看，却增强了推动制造业转型升级的内在驱动力。分析我国制造业资源、产业结构、增长方式以及在全球产业链的地位，面对 2020 年制造业发展的远景，我国制造业转型期核心技术的开发与利用，一是要对传统制造实行高新技术改造，打造现代制造业，实施制造过程自动化和智能化及产品数字化与智能化；二是催生战略性新兴产业，加大对战略性新兴产业的投入和政策支持，这些新兴产业包括新能源、新材料、节能环保生物医药、信息网络和高端制造产业等，积极推进新能源汽车、"三网"融合取得实质性进展，加快物联网的研发应用。围绕这一目标，我国制造业转型升级所需核心技术体系构成如下。

1. 信息技术

信息技术是研究信息的获取、传输和处理的技术，由计算机技术、通信技术、微电子技术结合而成，即利用计算机进行信息处理，利用现代电子通信技术从事信息采集、存储、加工、利用以及相关产品制造、技术开发、信息服务的新学科，主要包括网络技术、虚拟设计、计算机仿真、协同设计与协同管理、云计算、云制造等。

2. 生物技术

生物技术或工程是以生命科学为基础，利用生物(或生物组织、细胞及其他组成部分) 的特性和功能，设计、构建具有预期性能的新物质或新品系，以及与工程运力相结合，加工生产产品或提供服务的综合性技术。主要包括基因工程、细胞工程、发酵工程和酶工程，现代生物技术发展到高通量组学芯片技术、基因与基因组人工设计与合成生物学等系统生物技术。生物技术应用于工业制造和环境管理能推动工业的可持续发展。微生物被认为是天然的化学工厂，能取代工业催化剂而用于化学品的制造。例如酶制剂取代洗涤剂中的磷和皮革鞣制过程中的硫化物；造纸过程中，酶制剂可以减少氯化物在纸浆漂白过程中的用量。因此，微生物在工业生产过程中的应用，使加工过程变得清洁、高效，且具有可持续性。同时，酶也可以作为生物催化剂将生物质转化为能源、乙醇等。例如，通过生物酶，玉米秸秆可以转化为可降解的塑料，用于食品包装。而且基因学和蛋白质学在工业生物技术中的应用，在发现微生物酶特性的同时，还可以通过目标的变异，使微生物产生各种用途的新型酶制剂。

3. 高端装备制造技术

装备制造业主要指资本品制造业，是为满足国民经济各部门发展和国家安全需要而制造各种技术装备的产业总称。按照国民经济行业分类，其产品范围包括机械、电子和兵器工业中的投资类制成品，分属于金属制品业、通用装备制造业、专用设备制造业、交通运输设备制造业、电器装备及器材制造业、电子及通信设备制造业、仪器仪表及文化办公用装备制造业等。高端装备制造技术，主要包括先进运输装备、基础制造装备、智能制造装备、海洋工程装备、卫星及应用产业，以及为其他战略性新兴产业发展所需的支撑装备和重大节能环保资源开发利用装备等制造技术。例如，揭示和利用事物间相似性并按照一定的准则分类成组，同组事物采用同一方法进行处理，以便提高效益的成组技术。在机械制造工程中，成组技术是计算机辅助制造的基础，将成组哲理用于设计、制造和管理等整个生产系统，改变多品种小批量生产方式，获得最大的经济效益。对产品及其制造过程和支持过程等进行并行、一体化设计的系统化并行工程，将设计、工艺和制造结合起来，利用计算机互联网并行作业，大大缩短了生产周期，解决了传统串行开发过程中只能事后反馈的问题，即产品或工艺设计中的问题或不足，要分别在加工、装配或售后服务中才能被发现，然后再修改设计，改进加工、装配或售后服务(包括维修服务)。

又如快速成型技术，它是集 CAD/CAM 技术、激光加工技术、数控技术和新材料等技术领域的最新成果于一体的零件原型制造技术。该技术利用所要制造零件的三维 CAD 模型数据直接生成产品原型，并且可以方便地修改 CAD 模型再重新制造产品原型。它不像传统的零件制造方法需要制作木模、塑料模和陶瓷模等。该技术可以把零件原型的制造时间减少为几天、几小时，大大缩短了产品开发周期，减少了开发成本。随着计算机技术的快速发展和三维 CAD 软件应用的不断推广，该技术已广泛应用于航天、航空、汽车、通讯、医疗、电子、家电、玩具、军事装备、工业造型(雕刻)、建筑模型、机械行业等领域。再如以计算机支持的建模、仿真技术为前提，对设计、加工制造、装配等全过程进行统一建模的虚拟制造技术，在产品设计阶段，实施并行模拟出产品未来制造全过程及其对产品设计的影响，预测出产品的性能、产品的制造技术以及产品的可制造性与可装配性，以更有效、更经济灵活地组织生产，使工厂和车间的设计布局更合理，达到产品开发周期最短化和成本最小化、产品设计质量最优化、生产效率最高化。虚拟制造系统的关键是建模，即将现实环境下的物理系统映射为计算机环境下的虚拟系统。虚拟制造系统生产的产品是虚拟产品，但具有真实产品所具有的一切特征。此外，还有智能制造技术和已经广泛应用于生产加工的敏捷制造技术等。

4. 新能源技术

新能源技术是指在新技术基础上，系统开发利用的可再生能源，如核能、太阳能、风能、生物质能、地热能、海洋能、氢能等。新能源技术指太阳能利用技术(如太阳能－热能转换技术和太阳能－光电转换技术等)、氢能利用技术(如制氢技术和氢提炼技术等)、核电技术、化学电能技术、生物质能应用技术、风能应用技术、海洋能与低热能应用技术等。

5. 新材料技术

新材料是指那些新近发展或正在发展中的具有比传统材料性能更为优异的一类材料。新材料技术是按照人的意志，通过物理研究、材料设计、材料加工、试验评价等一系列研究过程，创造出能满足各种需要的新型材料技术。新材料按不同标准分类，主要包括：按属性，有金属材料、无机非金属材料，如陶瓷、砷化镓半导体等、有机高分子材料、先进复合材料；按性能，有能满足高强度、高刚度、高硬度、耐高温、耐磨、耐蚀、抗辐照等性能要求的材料；按功能，有利用材料具有的电、磁、声、光热等效应实现某种功能的材料，如半导体材料、磁性材料、光敏材料、热敏材料、隐身材料和制造原子弹、氢弹的核材料等。新材料技术不论在国防还是在民用产品制造领域，用途都非常广泛。

(三) 与我国制造业转型升级核心技术匹配的知识体系

1. 知识体系内涵

知识体系构成的单元是知识及其构造规则。对知识的理解，从古到今、从国内到国外有不同的解释。汉代孔融的《论盛孝章书》中，有"海内知识，零落殆尽，唯有会稽、盛孝章尚存"句中的"知识"意为"朋友"；《水浒传》第七十九回，"原来这闻焕章是有名文士，朝廷大臣多有知识的，具备酒食迎接"中的"知识"，意为"交游"或"结识"；明代焦竑的《焦氏笔乘·读孟子》中，"孩提之童，则知识生，混沌凿矣"，其中"知识"指辨识事物的能力；鲁迅的《三闲集·现今的新文学的概观》中，"在文学界也一样，我们知道得不太多，而帮助我们知识的材料也太少"，这里"知识"的含义为"辨识"；朱自清的《论老实话》中，"大家在知识上要求真实，他们要知道事实，寻求真理"，其中"知识"的含义为"人类认识自然或社会的成果"；世界经济和合作组织(OECD) 在 1996 年的年度报告《以知识为基础的经济》中从"Know—what"、"Know—why"、"Know—how"、"Know—who"即知道是什么、知道为什么、知道怎么做和知道是谁几个方面来解释知识。这些观点从不同角度对知识进行了阐释。本书认为，知识是人类认识和改造世界经验的总结，是知识体系的组成元素；知识体系是人类在长期社会实践中积累、总结、提炼、创新的、结构化了的、能帮助人们正确认识世界和解释世界的信息与经验。它不是概念之间的简单堆砌，而是概念之间按照一定规则或规律交织在一起的网络体系。自然、社会和人类自身不同领域不同专业与学科在概念与构造规则上差异万千，但对不同概念和规则进行抽象后的知识体系都具有一些共同特点。

(1) 行动导向性。知识及其构造规则能够指导人的决策和行为，加速决策的行动过程。

(2) 资本权属性。知识体系的资本性，体现为人们在运用知识体系时能创造更多的功能与价值。掌握并运用了它的人或组织，便能获取更多的价值；同时，这也体现了知识体系的权属性，没有掌握或运用它的人将失去获取价值的机会。

(3) 心智可接受性。知识及其构造规则必须经过人的心智内化，真正理解，才能被准确运用，并在运用中体现知识的价值。

(4) 螺旋循环性。知识及其构造规则必须在特定时间内、在规定情景下才能充分发挥其作用，有其产生、生长、繁荣与衰竭的生命周期。一定时空内的知识体系在完成其使命后即传承给下一轮新的知识体系，这样的传承不是简单的复制，而是新的知识体系在前一轮知识体系基础上螺旋式的提升，推动人类朝向自然、社会及人类自身更高领域探索。

(5) 创造延展性。知识及其构造规则在应用、交流的过程中，由于每个人现有知识存量及阅历的不同，每个人对知识及其规则的理解会不一样，由此会创造出新的概念，形成新的联系规则，从而使知识体系得到延展生长。

2. 与我国制造业转型升级核心技术匹配的知识体系架构

我国制造业转型升级必需的核心技术主要包括：高端装备制造技术、新一代信息技术、生物技术、新材料和新能源技术等体系。每一个方面都构成了独有的核心技术体系，但各个技术体系在相互区别的同时，又存在密切的关联性。各核心技术体系关联的专业知识和学科知识的开发、学习与掌握对这些技术的运用、制造工艺过程的创新是基础。这些专业知识及学科知识构成了知识网络体系的"经"；不同专业、学科知识之间的交叉与融合，在人们认识和改造自然、社会和人类自身的过程中，越来越紧密、越来越频繁；知识创造活动的活跃促使知识体系生命周期日益缩短，如何识别有效知识的迫切，需要衍生出新的学科——知识管理。按照知识管理有关研究，知识包含五个层次，即噪音、数据、信息、知识和智慧。最低层次是噪音；从噪音中分拣出数据；再对数据进行分类和整理，使庞大的数据从无序变为有序，并对数据展开分析，找出其分布规律，使用者根据各自需求提炼出有用信息；对信息进行研究，总结出规律性的元素及其相互连接的规则，形成知识体系；然后在知识体系传递过程中，经过知识体系不同接受者的理解与创造，延伸并深化为新的知识架构。知识管理对不同专业和学科知识体系具有过滤、净化、提炼并深化的功能。因此，与我国制造业转型升级核心技术匹配的知识体系，是一幅以专业和学科知识为"轴心"、以知识管理流程为"纽带"的网络，如图4-6所示。

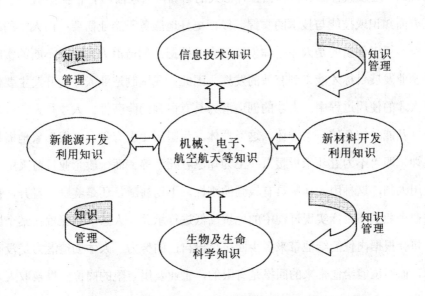

图4-6　与我国制造业转型升级核心技术匹配的知识体系

二、与我国制造业转型升级知识体系匹配的创新型人才培养与开发

(一) 人才个体特征分析

我国制造业转型升级所需知识体系，是在已有知识体系基础上，深度开发的具有高新技术特点的知识架构。部分知识元素和规则是现成的，但是，更多的知识元素及其组合规则却需要不同专业领域或学科领域具有丰富实践经验的人才，根据不断变化的产业发展环境，在已有知识框架的基础上推陈出新，创造出能为产业所用且能推动产业升级式发展的知识元素及其联络规则。因此，对制造业个体人才创造力的发掘，是制造业转型升级创新型人才培养与开发的重心。

我国制造业人才的培养与开发，虽然属于继续教育的范畴，但又高于继续教育的视角。继续教育的过程包括各种形式的培训，也包括"干中学"，强调受训者对某方面知识或技能与技术的掌握，以便更好地服务于企业需要；而人才的培养与开发，更多侧重的是人才个体创造潜力的挖掘，创造潜力只有在不断的实践中围绕企业发展目标才能得到有效的发挥。因此，我国制造业人才的开发主要体现在对人才的使用过程中。人才的创造潜力具有很强的隐蔽性。人才是人力资源中自主性及能力较高的一类群体。这类群体，我国历史上有句名言很形象地概括了其共性，即"不为五斗米折腰"、"士为知己者死"等。而一般企业目前采用的是岗位用人制，这种用人体制具有较强的刚性，不论薪酬，还是奖励、晋升，都以岗位在企业战略目标实现过程中的地位高低进行承兑。人才一旦配置在某个岗位上，将会根据岗位能给他带来多少回报付出自己的努力。人才创造潜力是没有边界的，而岗位能给他带来的回报是有限的，企业要用有限的岗位回报换取人才无限的创造能力，这只能说是一种一厢情愿的做法。这种做法带来的结果就是：人

才资源的极大浪费或人才资源的流失。鉴于此，我国制造业创新型人才个体创造力的培养与开发，应该从人才所具有的个性特征入手。

1．人才自主性强

这一特性需要企业给人才一定的资源调配权。一方面，可以充分调动人才创造性工作的积极性；另一方面，可以提高人才在创新团队中的资源调遣能力，有助于创新型领军人物的产生。

2．人才独立性强

根据这一特点，企业应该在战略目标的指导下，给人才营造更多能让其发挥自己能力的场所，用其所长，避其所短。

3．人才的自尊心及受人尊重的要求强

创新会遇到许许多多不确定因素或风险，失败是必然的，成功是偶然的。正是因为人才对知识的不断追求，才成就了人才与众不同的创造与开拓进取精神。创造性劳动过程中，有很多不可预料的困难需要人才克服，出错的可能性非常高。如果没有宽容谅解的创新环境，解决人才因创造性劳动失败带来的身败名裂的窘境，人才尽管具备开拓进取的创造精神，也不会冒险搞什么创新不创新的，毕竟人才也是人。因此，企业人力资源管理者必须要营造一个宽松学习的、激发员工向上进取的环境。当每个员工都尝试到了解决问题的艰辛的时候，再面对他人的失败就会多一分理解、多一分宽容。记住一点，组织中常有这样的说法：干活的人总是有错，不干的人总是对的，这是一种不正常的组织文化，这种现象一旦盛行于组织，这样的组织继续生存也就成问题了。

4．人才具备较强的创造性思维能力和理性思维能力

企业用什么方式激发人才的创造能力，是企业在创新型人才开发中必须深思的问题。收益与个人事业发展的追求是人才理性思考的重点，企业应该充分了解不同人才从收益与个人事业发展中的出发点，通过奖励、分红、股权等激励措施，把人才的个人追求与企业的发展目标密切衔接和高度统一。人才经营企业就等于在经营自己的事业，企业的成功就是人才个人的成功，企业的失败就是人才个人事业的失败。这样，人才用自己的情感在经营企业，通过情商的充分启用来调动人才的创新积极性，在实现企业目标的同时，实现人才自身价值。

（二）创新型人才个体创造力培养与开发的应用法则

根据创新型人才个体特征与我国制造业转型升级对信息技术、新材料、新能源技术及高端装备制造技术等高新技术相应知识体系的迫切需求，我国制造业创新型人才个体创造力开发应该遵循个体内在的发展规律，以转型升级所需高新技术知识体系为开发目标，遵循相应的创新型人才培养与开发的法则，全面培养新一代的创新型人才。

1. 抛砖引玉法则

人才一般创造性思维能力较强。针对某一问题，通过一定的会议形式，营造一个人才能畅所欲言的环境，设计有较多能够相互启发、引起联想、发生"共振"的条件与机会，这样有助于开发人才个体的智慧和创造力。该方法能在较短的时间里发挥集体的创造力，并获得较多的创造性设想。一个与会者在提出一种设想或新思维的时候，会促进激发其他成员的联想能力，从而形成一系列的设想，再对这些有创意的想法进行提炼，形成概念。

2. 流动开放法则

按照系统生态学理论，系统只有在开放状态下，才能进行自组织、自优化，开放是生态系统进化之本。人才个体创造力的开发属于人才开发的一个子系统，"开放"作为系统进化之本，也适合人才开发系统。人才开发里的"开放"包含两层含义。其一，人才队伍构建的学科交叉、专业合作有助于产生突破性的创新成果。一个人才系统组合成分越复杂，组合前各类人才所在专业领域相距越远，有效组合后越有可能带来突破性的成果。从这个意义上说，我们应当积极创造条件，创造各种机会让不同专业的人才互相交往、互相渗透。其二，人才流动的开放型。人才只有不断流动，才能找到适合自己的位置，充分发挥自己的创造力。在服从国家需要的前提下，允许人才有一定的个人选择权。只有这样，才能激发他们的创造热情。坚持"不求所在，不求所有，但求所用"的人才流动原则，积极推进各类人才的合理流动，允许他们交流到能够发挥才干的地方去工作。

3. 优胜劣汰法则

"优胜劣汰"是自然环境的竞争法则。人才作为自然环境高等生物中的思维强者，自然服从于这一竞争法则。竞争是人才成长与发展的动力，更是创造的源泉，竞争充满了挑战和刺激，可以激发人才潜在的追求卓越和实现自我的动机，使人才获得生存发展的压力和动力，从而最大限度地开发人才潜在的创造力。

不过，为了避免人才在竞争中出现竞争过度而产生内耗，企业人力资源开发部门应该设计一个有利于人才进行有序竞争的创新环境。首先，要培育选拔富有开拓进取创造精神的领袖人才。领袖人才要富有创造精神，把创新看作组织生存和发展的决定性因素，把有创造才能的人视为最宝贵的财富，珍视他们的力量，全力支持他们的创新活动。创新是一种具有较强自由、自主的活动，领袖应信任下属，尽量放手，减少直接干预，给下属一个充分施展才华的空间。不要过分强调权威与服从，鼓励下属的独立自主、怀疑批判和实事求是的精神。同时，要创造一种"鼓励成功，宽容失败"的宽松氛围。创造才能高、创造动机强的人，成就动机也都较强烈。这种求成功的心理时常会使他们成为"冒险者"甚至遭遇失败。作为一个组织，应该允许他们有失误和失败，珍惜和鼓励他们的这种探索精神。唯有在"容错"的环境中工作，人才才能放下包袱，勇于创新。其次，群体结构的组建要异质化。创新是一项复杂的劳动，异质化的群体有助于提高群体的创新效率；同时，异质化群体成员之间情感沟通与工作上相互配合比较容易，这有利于群体成员工作积极性和创造力的发挥。

4. 鲶鱼效应法则

"鲶鱼效应"讲的是这样一个故事：挪威人喜欢吃沙丁鱼，尤其是活鱼。市场上活鱼的价格要比死鱼高许多，所以渔民总是千方百计地让沙丁鱼活着回到渔港。可是虽然经过种种努力，绝大部分沙丁鱼还是在中途因窒息而死亡。但却有一条渔船总能让大部分沙丁鱼活着回到渔港，船长严格保守着秘密。直到船长去世，谜底才揭开。原来是船长在装满沙丁鱼的鱼槽里放进了一条以鱼为主要食物的鲇鱼。鲇鱼进入鱼槽后，由于环境陌生，便四处游动。沙丁鱼见了鲇鱼十分紧张，左冲右突，四处躲避，加速游动。这样沙丁鱼缺氧的问题就迎刃而解了，沙丁鱼也就不会死了。这样一来，一条条沙丁鱼欢蹦乱跳地回到了渔港。这就是著名的"鲇鱼效应"。"鲇鱼效应"用于人才个体创造力的开发，这里的"鲇鱼"相当于个体创造力开发的刺激因素。人才在没有刺激因素的环境中长期生活，人的意志就会衰退，智慧就会枯竭，理想就会丧失，才能就会蜕化，即使创造能力再强的人也不会有多少成就。心理学认为，创造是人的全部体力和智力处在高度紧张状态下的有益的创新活动。然而，人的全部体力和智力从松弛状态转入高度紧张状态，需要给予适度的刺激。只有经常给予适度的刺激，才能激发起人的事业心、责任感、进取精神、求知欲、无穷的智慧和惊人的毅力。缺乏刺激的环境，培养不出杰出的创造型人才。相当于"鲇鱼"的刺激因素包括物质刺激、精神刺激、工作刺激、事业刺激等。

物质是人才赖以生存和发展的重要基础。物质刺激可以激励人才克服保守情绪、怠惰情绪、知足情绪，激发人才不断进取、不断开拓，从而使自己的创造力得到充分发挥。

精神刺激指通过组织或社会制度、社会舆论、道德规范、创新文化、工作环境和群体的人际关系等，对人才的创造性活动给以嘉奖，树立创新典范，营造一种创新氛围和创新文化。这些刺激因素足以刺激人才个体充分发挥创造力，形成一种开拓进取的社会环境。

工作刺激指富有挑战性的工作，压力不能过轻，也不能过重，只能适中。压力过轻，会使人能量"过剩"，滋生自满情绪；压力过重，又会使人能量"耗尽"，产生畏难情绪；只有压力适中，人才才能恰到好处地发挥和使用自己的创造能量。

事业刺激指人才实现自我的人生追求。按照马斯洛的需求层次理论，每个人当低层次需求得到满足后，都有更高层次的追求，自我实现是高层次的需求。事业是人才通过自我认识、自我鞭策、自我调节、自我控制，最大限度地实现自我的重要的内在动力，也是人才个体创造力开发的有效的可持续的刺激因素。

　　上述不同刺激因素因人而异，不同的人对同一刺激因素会有不同反映，如高层次创造性人才会更重视事业发展前景和工作内容的刺激，低层次人才会更关注物质和精神的激励。因此，对于不同人才的刺激手段是有差异的，而且刺激的程度应该适度。

第五章　知识产权制度完善
保障制造业创新

我国经济发展进入中高速增长的新常态，创新驱动和转型升级进程缓慢，困扰着我国制造业的发展和经济发展水平质量的提升。知识产权制度贯穿创新活动全过程，在科技进步与经济发展中具有"促进技术转让投资、推动研发创新、催生新产业与商机、积聚并交易知识资产"等作用。随着技术快速变革和全球市场竞争的日益激烈，拥有专利的数量和质量成为创新主体生存和发展的关键。对区域产业知识产权来说，逐步提升管理、利用和保护能力，不仅仅是外在的要求，更是产业结构调整、转型升级的内在需求。在区域制造业继续创新的过程中，需要完善的知识产权制度的激励和保护，将知识产权制度完全嵌入其中，并实现同现代产业技术的完美融合。知识产权制度的完善，有助于探索制造业创新驱动新机制和政策激励机制，破解"四不"现象，形成创新驱动发展的经济增长极。

第一节　知识产权制度与创新驱动

一、知识产权的认识与理解

（一）知识产权的概念

知识产权，是指自然人、法人或者其他组织对其智慧创作物[1]依法享有的专

---

[1]　"智慧创作物"一词，是根据英文词组 the creations of mind(intellectual creations) 翻译而来的。

有权利。[1]例如，发明创造者对其发明创造依法享有专利权。在此，发明创造是一种智慧创作物，专利权是一种专有权利。智慧创作物是人们在公共物品上添加智力劳动后所取得的一种私人产品。因此，私人产品依法产生的权利就是知识产权，是一种私权。

知识产权的概念是我国学者从英文翻译过来的，属于外来词汇，英文表示为"Intellectual Property Rights"。在 19 世纪末，国际上成立了"知识产权联合国际局"[2]，使"知识产权"概念被国际社会接受。《建立世界知识产权组织公约》在 1967 年的瑞典首都斯德哥尔摩签订之后，世界知识产权组织开始在国际范围内建立起来。此后，在国际社会范围内，知识产权的概念开始在全球范围内得到公认。

我国制定的《民法通则》在 1987 年的 1 月 1 日开始正式生效，这是我国最早使用"知识产权"概念的相关法律。对"知识产权"的相关法律规定被放置在该法律的第五章第三节，与"财产所有权以及与财产所有权有关的权利"、"债权"和"人身权"等权利并列成为民事权利。此前，我国法律和法学著作、文章、论文等所使用的概念为"智力成果权"。我国台湾地区使用的概念为"智慧财产权"。

(二) 知识产权的范围

知识产权的范围，有广义和狭义两种。

广义的知识产权范围，目前已为两个主要的知识产权国际公约所界定。

1.《世界知识产权组织公约》界定的范围

1967 年签订的《世界知识产权组织公约》第二条以列举的形式，界定了知识产权的范围。指出知识产权应包括下列权利：

(1) 关于文学、艺术和科学作品的权利。主要指作者权，或称著作权，或称

---

[1] 世界知识产权组织将"知识产权"定义为：Intellectual property is that persons have the exclusive rights over the creations of their mind by law.

[2] 1883 年缔结的《保护工业产权巴黎公约》成立了"巴黎联盟"。1886 年缔结的《保护文学艺术作品伯尔尼公约》成立了"伯尔尼联盟。这两个联盟的总部都在瑞士，分别管理这两个公约。1896 年，瑞士政府建议将此两个联盟合并，成立"知识产权联合国际局".

版权。

(2) 关于表演艺术家的表演、录音和广播的权利。主要指邻接权，或与著作权相关的权利。

(3) 关于人类在一切领域内的发明的权利。主要指人们就专利发明、实用新型及非专利发明享有的权利。

(4) 关于科学发现享有的权利。

(5) 关于工业品外观设计的权利。

(6) 关于商品商标、服务商标、商号及其他商业标记的权利。

(7) 关于制止不正当竞争的权利。

(8) 其他一切来自工业、科学及文学、艺术领域的智力创作活动所产生的权利。

世界知识产权组织已经成为联合国的 16 个专门机构之一。世界上大多数国家加入了《世界知识产权组织公约》，成为该公约的成员国。我国政府也于 1980 年 3 月 3 日向世界知识产权组织递交了加入书，自 1980 年 6 月 3 日起，我国已成为世界知识产权组织的成员国。由于《世界知识产权组织公约》第十六条明文规定："对本公约不得作任何保留。"因此，该《公约》第二条以列举形式界定的知识产权的范围，应当是成员国必须认可和接受的。

2. 《与贸易有关的知识产权协议》界定的范围

1991 年年底，关贸总协定乌拉圭回合谈判通过的《与贸易有关的知识产权协议》，即 1995 年 1 月 1 日成立的世界贸易组织(简称 WTO) 的《与贸易有关的知识产权协议》。在该协议第一部分第一条中，界定了与贸易有关的知识产权的范围：

(1) 版权与邻接权；

(2) 商标权；

(3) 地理标志权；

(4) 工业品外观设计权；

(5) 专利权；

(6) 集成电路布图设计(拓扑图) 权；

(7) 未公开的信息专有权，主要是商业秘密权。

从狭义上看，所谓的知识产权仅仅指的是传统观念上人们所认为的知识产权，包括商标权、专利权和著作权等。这里的著作权包括的含义较为广泛，与著作权相关的权利又被称为是邻接权。

《中华人民共和国民法通则》是我国在 1986 年颁布的法律。其在法律条文中对知识产权的范围进行了明确的规定，著作权、专利权、商标权、发现权、发明权以及其他科技成果权，都被涵盖在知识产权范围之内。从这里我们就可以看出，我国所颁布的《民法通则》对知识产权所规定的范围，实际上是与《世界知识产权组织公约》对知识产权的界定是一致的。

(三) 知识产权的特征

知识产权是人们对其智慧创作物依法享有的专有权利。是一种无形财产权，与有形财产所有权具有许多相同的特征。但是，由于知识产权的客体是无形的智慧创作物，所以，知识产权具有许多与有形财产权相异的特征。

1. 知识产权空间效力的有限性

知识产权空间效力的有限性，也可以被称为地域性，指的是知识产权的效力范围通常只被限制在其获取的国家或地区；超出这个范围之后，知识产权将不具备相关的效力。如果智慧创作物的创作者希望在其他国家或者地区就其智慧创作物获得知识产权保护，就应当依据有关知识产权国际条约、双边协定、多边协定或者互惠原则，到相应国家或者地区去依据其知识产权法的规定取得知识产权；否则，其智慧创作物就不可能获得其他国家或者地区法律的保护。现在，尽管国际上已经缔结了许多知识产权条约，但是，这些条约只不过是架设在各个国家或者地区之间的桥梁或开通的管道，使得参加国际条约的国家或者地区的国民能够通过这样的桥梁或管道，在其他国家或者地区就其智慧创作物受到法律保护，但并不是将知识产权之效力空间进行了扩展。例如，根据欧盟知识产权条例或指令取得的知识产权，只能在欧盟及其成员国范围内有效力，在域外仍然是无效的。

除知识产权外，动产所有权不受地域限制，不动产因不能脱离其所在地，所以不发生效力的地域限制问题。当然，某些特殊种类的知识产权之效力可以作适当的地域延伸，例如，《巴黎公约》[1]第六条之二第一项规定，将驰名商标的效力延至巴黎同盟各国。尽管如此，知识产权的地域性并没有因此而改变。

2. 知识产权保护期的有限性

知识产权在保护期上的有限性，又被称为知识产权的时间性。指的是，所获得的知识产权只在法律规定内的有限期内，可以获得法律的保护。对于所有的知识产权来说，如果其保护超过了约定的期限，那么该项获得知识产权的事物就将会被纳入到公有领域，不再受到法律的保护；在未来的发展过程中，将被视为是人类精神文明的共同财富。人们在使用获得知识产权创造的物品的过程中，如果不会损害原有知识产权者的利益，那么其都可以自由使用该项权益。

但是，对知识产权时间性的理解应当注意：

(1) 知识产权保护期因法域的不同而不同。就某一种类的知识产权而言，有的国家或者地区给予的保护期长一些，而另一些国家或者地区给予的则短一些；有的国家或者地区可能给予无期限限制的保护，而另一些国家或者地区则作了限制。例如，著作权中的署名权，大陆法系国家或者地区给予的保护基本上不受时间的限制，而英美法系国家或者地区都规定了时间限制。

(2) 知识产权保护期因时代的不同而不同。以商标权为例，苏联和我国 1963 年的《商标管理条例》都规定注册商标的保护期没有限制；而现在，俄罗斯联邦商标法和我国现行商标法都给予了限制。

(3) 知识产权保护期因知识产权种类的不同而不同。例如专利权、著作财产权的保护期是完全确定的，各个国家或者地区的规定都差不多；但商标权的保护期，从形式上看是有限的，而实质上却是无限的，即商标权的每一个保护期都是一定的、有限的，但可以续展，且续展的次数不限。也就是说，只要商标权人愿

---

[1] 《巴黎公约》是 1883 年缔结的《保护工业产权巴黎公约》的简称。

意，可以通过续展使其商标权受到永久保护。此外，商业秘密的保护期是不确定的，只要商业秘密拥有者能够保住其商业信息不被披露，其商业秘密就能一直受保护。商业秘密一旦被披露，其保护即刻终止。

(4) 某些种类知识产权的保护期没有限制，例如，地理标志保护就不受时间限制，可以一直享受相关的权益。

正因为知识产权的保护期有着如此复杂的情形，有学者否定知识产权的时间性。实际上，知识产权中的许多权利都有明确的时间限制，少部分权利的时间限制不明确，但并不能因此而否定知识产权的时间性。尤其是将知识产权与有形物所有权相比，其时间性就更明显了。因为有形物所有权的存续，原则上只与其客体是否存在相关，即只要物本身还存在，由该物产生的所有权就存在。

3．知识产权的独占性

知识产权具有独占性，该特征又被称为专有性，指的是除去法律的额外规定，在没有获得知识产权拥有者的同意下，任何人不得随意行使该项知识产权。知识产权所具有的独占性，与其他有形物所具有的排他性相比较，其所具有的内涵主要表现在三个方面。

(1) 有形物所有权的排他性是针对特定对象的，而知识产权的排他性是针对一般对象的。以"海尔®"电视机为例："海尔®"是注册商标，依法产生的是商标专用权，而贴有"海尔®"标志的电视机是有形物，依法产生的是所有权。若张三购买了一台"海尔®"电视机，李四购买了一台与张三相同的"海尔®"电视机，那么。张三对其电视机的所有权，并不影响李四对自己电视机的所有权。这就是有形物所有权涉及对象的特定性。因此，对于拥有"海尔®"注册商标的专用权人来说，其不仅可以享有该商标的专用权，并且还想享有禁止他人使用与该商标相同商标的权利。也就是说，有权对其他人使用"海尔®"商标放在电视机或其类似的产品上，进行禁止。这就是知识产权独占性效力的普遍性。

(2) 有形物所有权的排他性是物之自然属性的法律化，而知识产权的独占性则是法律规定的自然化。就某一具体物而言，其自然属性决定了它的所有权只能由一个主体享有，而不能同时由两个或两个以上主体享有。而对于法律来说，在其中充当的责任就是对这种现象进行确认。但是，对于知识产权的客体来说，因此其可以被多个不同的主体创造出来。因此从事实上说，可以被多个主体进行支配。但是从法律上看，其规定一项知识产权可能不能被多个创造主体公共使用，只能由其中的一个主体享有该项权利，从法律上确定了该主体的独占地位。

(3) 有形物所具有的排他性具有绝对性，而知识产权所具有的排他性特征只是相对的。通常情况下，在没有经过所有权人的同意下，法律禁止他人使用该项物品，否则使用者就会因违反法律规定而受到法律的制裁。但是，对于知识产权的使用来说，相关的规定却有些出入。在知识产权所有者没有授意的情况下，法律允许他人可以对该项知识产权进行使用，但是相关的过程必须要符合法律的规定。也就是说，法律对知识产权的所有者还进行了一定程度的限制。当前，专门对知识产权法研究的学者，提出知识产权实际上不具备独占性，也正好说明了这一点。尽管这种理解有一定的道理，但其理由并不充分。

4. 知识产权产生的法定性

在知识产权基础上产生的法定性，又被称为国家授予性。指的是，对于在知识产权基础上所创造出来的智慧创造物来说，其是否具有相应的权利，必须要有相关的法律规定作为依据。如果在知识产权上所生产出来的智慧创作物，在法律上没有进行规定或是法规已经规定不能产生相应的权利，那么该事物就不具备相应的权利。例如《著作权法》第五条规定的三种对象、《专利法》第二十五条规定的六种对象等，就被排除在外。

知识产权的法定性还表现为：法律规定必须经有关国家主管机关审批授权后，才能产生相应权利的，智慧创作物创作者或者有关自然人、法人或者其他组织必须依据法律规定提出申请，办理相应手续后，才可取得相应的权利。商标权、专利权、外观设计权、地理标志权、集成电路布图设计权等，都是如此。

二、知识产权制度的认识与理解

（一）知识产权制度的内涵与发展

知识产权制度指的是，对于知识的创造、运用、管理及保护等方面，通过政府制定制度的方式来进行指导和规制，以此来维护知识产权的正当权益，从而最终促使知识产权传播效益目标的实现。从静态上看，知识产权指的是，与知识产权相关的法律、法规、条例、措施等制度本身。从动态上看，知识产权制度还包括这些具体制度的实际实施和执行。其包含的主要活动有，相关法律、法规和制度的具体制定，以此可以通过产权的形式来对知识财产提供保护；可以为具体的实施提供相应的条件与手段，并确保相关配套机制的建立，包括司法裁判、形成管理和社会服务等。

广义上的知识产权制度所包含的范围要更为广泛，不仅包括国家层面的知识产权法和相关的法律法规及其执行，同时还包括区域地方性的法规和章程，并为保护知识产权制定相关的地方性法规。

当前，国外对知识产权的研究已经持续了很长的时间。从知识产权自身来看，其具有多重属性的特征。国外在对知识产权研究的过程中，也处于较为分散的状态。但是，从总体上看，国外对知识产权的研究主要集中在两个方面。

一方面是，对影响知识产权制度建设相关因素的研究。当前，国外对这方面的研究还处于浅显的程度，所采用的研究方法通常也是在知识产权与经济发展之间的关系上展开的。Ginarte 和 Park 对 110 个国家 1980－2015 年的专利数据进行了分析，指出尽管发达程度高的国家会选择更强的专利保护，但影响专利保护水平的因素是研发水平、市场环境特征和国际协作，同时他们还特别强调了研发基础的作用。Lemer 指出，对于知识产权的保护会受到三个方面因素的影响，包括本国或是本地区经济发展水平的影响，以及相关的政治环境和法律传统等方面的因素。Coriat 和 Orsi 则认为，知识产权制度的完善，会受到金融市场发展程度的巨大影响。

另一方面，是主要针对知识产权制度所具备的功能所进行的研究。也就是说，国外针对知识产权在实际运行过程中所最终发挥出来的作用效果所进行的研究。Hakth 认为，在技术创新过程中，知识产权会在其中发挥重要的积极作用。Sakakibara 和 Branst 对 1988 年日本对专利法的改革进行深入研究后发现，日本在对专利进行改革期间，其支出费用并没有明显增加。但是，却将研究人员所处的组织结构和激励结构作为一个重要变量,在专利研究过程中发挥出了重要的作用。1979－1995 年，美国半导体产业举行了专利活动，Hall 和 Ziedonis 对此进行了全面的研究，最终证明创新与专利之间确实存在着紧密的联系。在"战略性专利活动"下，美国的半导体产业产生了全面的创新性活动热潮。Colyvas，Nelson 和 Sampat 对知识产权从学校向产业技术转移中所起到的作用进行了研究。最终证明，在原始创新技术的专业中，知识产权可以在其中发挥重要的作用，但是对于那些拥有较为成熟技术的产业来说，知识产权在其中发挥的作用也极为有限。

我国的知识产权制度研究近 10 年才开始出现。知识产权制度对经济增长和科技发展的作用机制，表现在产权界定与创新激励、产权交易与资源配置、产权限制与利益平衡、产权保护与市场规范、产权管理与政府引导五个方面。目前，我国促进制造业创新的知识产权制度的研究还处于初级阶段，现有知识产权制度对促进和激励制造业创新所发挥的作用仍然没有达到预期的效果，这主要表现在：一是我国知识产权制度建设相对比较落后。在国家制度层面，无论从执法还是从法律法规的配套性和体系化上都还存在一些缺陷。我国的知识产权制度建设和管理体系基本上是一种"外来文化"，是对国际惯例的一种适应和调整，还未能真正从国家社会和经济发展的需求出发。在具体实施层面，各级地方政府在知识产权意识、机构设置、人员配备、内部制度建设和组织流程设计等方面发展并不均衡，知识产权基础设施，尤其是以制造业创新平台为主体的基础设施，还比较落后。二是缺乏针对产业层次的知识产权制度研究。目前，关于知识产权制度的研究尚处于起步阶段，研究的角度主要是法学和经济学，与制造业创新、企业经营结合较少；研究的重点集中在知识产权保护，对知识产权创造、运用和保护的组合研究较少；研究的层面主要集中在国家层面和企业层面，较少从产业层面进行系统的研究和剖析。三是缺乏对产业知识产权制度的运用的有效指导。由于各区域产业资源禀赋的差异，导致知识产权制度的制定必须符合各区域产业资源要素的差异化和互补优势，才能真正发挥激励和推动创新的作用。而目前的知识产权制度缺乏对区域产业资源和制度运用环境的差异化分析，针对区域产业的知识产权制度运用缺乏可操作性的指导。综合对知识产权制度的有关研究可见，对促进区域制造业创新的知识产权制度的研究，应关注知识产权制度的系统性和差异性，深入探讨知识产权制度影响产业创新的机制，明确知识产权制度对产业创新的作用，才能起到更好的效果。

(二) 知识产权制度对创新主体的意义

1. 创新主体需要知识产权的激励

知识产权的创造成为创新主体综合竞争力的重要体现，也是衡量企业创新能力的重要指标之一。"创造"是技术创新的核心，制定有效的知识产权激励制度对于创造性的发挥具有关键性的作用。具体来说，主要表现在三方面。

第一，技术发明人在拥有较高的创新积极性之后，很多创新技术才能得以产生。在知识产权制度中，智力的劳动成果是有偿性的，因此这就对新技术的产生起到了重要的激励作用。

第二，知识产权对自身知识的保护形式，就是专利权、商标权、著作权的制定。从本质上来看，就是将人们的智力成果看作是一种物权来给予相应的法律保护；在未来确保使用过程中的健康性和有序性，这对保护权利人的合法权益具有重要的作用。

第三，在一定程度上来看，申请专利实际上就是对专利进行公开，让全世界的人都看到，这对于知识传播的有效性和规范性，提供了法律上的保障。

从上述中我们就可以看出,知识产权与技术创新之间是一种相互促进的关系。对于知识产权来说,其不仅可以促进技术创新的实现,同时还可以成为技术创新的重要战略目标(王黎萤等,2004)。

知识产权创造涉及知识产权的技术领域活跃程度,知识产权获权是否容易、知识产权是否明确、知识产权竞争和发展态势、知识产权实施的风险和成本的诸多因素,可以通过数量和质量两个方面指标来体现。对知识产权申请数量的全面评价,需要遵循一定的指标,即知识产权数量类指标。可以通过多种申请指标来对实施产权的申请进行评价,包括发明专利申请量、实用新型申请量、外观设计申请量、商标申请、著作权申请、软件登记权申请、集成电路布图申请、植物新品种申请等。其中,知识产权的授权量、授权数和知识产权的周期长短,即知识产权的成活率,这几项指标是对知识产权质量类指标进行评价的标准。通常情况下,如果一个企业申请的知识产权数量越多,则说明该企业所拥有的创新能力就越强;其所拥有的知识产权的周期越长,则表明通过该知识产权所获得的价值也就越高。对知识产权的价值进行评价的指标有运营类指标和效益类指标。其中,实施产权的实施率和转移率,就被包含在运营类指标当中。效益类指标就是知识产权的实施给企业带来的经济效益,包括知识产权的产值和增加值。由此可见,知识产权既是创新主体自主创新能力的外化指标,又是衡量创新主体自主创新能力的评价指标。促进知识产权的创造活动与企业创新能力提升的进程,是相互融合、协同发展的。

2. 创新主体需要知识产权的保护

创新主体发展的集群趋势使得企业必须考虑集群中各利益相关者的权益分配。一方面,企业希望通过技术外溢获得迅速的成长,并积累技术优势;另一方面,企业又必须预防模仿者的"搭便车"行为,承担技术创新的风险。因此,创新主体在应对技术外溢的双刃剑效应时,将知识产权制度嵌入制造业创新的整个过程,实现知识产权制度和产业技术的融合,对创新主体巩固其在产业集群中的地位具有积极的意义。

应当明确的是，知识的生产具有一定的外部性，这是通过知识的排他性所表现出来的。企业对创新技术的开发和研究需要付出相应的成本，在操作不当的情况下，可能会导致市场的失灵。这是因为，在将创新技术成果投入到市场之后，市场中的一些竞争者会争相模仿，这就会削减一部分创新者的市场占有率，使得创新者无法从市场中获取足够的收益，没有办法对创新的支出进行弥补，这就是社会中知识创造率较低的一个重要原因。在这种情况下，政府就应当制定一些相关的激励机制，对进行创新的企业给予一定的补偿，让创新者获得知识产权就是企业对其进行补偿的一种重要方式。在 14 世纪的英国，政府向一些手工业者发放了专利，这是最早被记录下来的知识产权。在此次发放知识产权的过程中，英国政府的主要目的是，激励这些手工业者将它们的手艺带到英国，然后组织培训，培养学徒。在以往的技艺传承中，通常只是通过家族秘密的形式进行传递，这在很大程度上缩小了技艺的传播范围，并且在没有竞争性知识的存在下，该技艺所能产生的社会福利也被大大降低了。知识资产具有天然的属性，这就使得人们在运用其过程中，难免会出现悖德的行为，从而为最终的交易造成损失。在这种情况下，就必须要有法律参与进来，以此来对创新者的知识权益进行全面的保护。这样才能达到知识创新的目的，并实现知识交易的市场化发展，从而使知识在社会的传播更为广泛。

促进技术的扩散，这是知识产权的另一项功能，其对提高未来的发明率具有重要的促进作用。这是因为，在知识产权的基础上所进行的创新，溢出的就是发明过程中所产生的副产品："典型的溢出就是一种发明会为另一种发明提供新思路。这样一种溢出效应从经济观点来看是特别有价值的，因为它们是经济增长的一个重要刺激因素。"(王晓春，2004)知识产权所表现出来的外部性特征，可以反映出，在知识产权制度的保护下，无论是在空间上还是在时间上，技术都可以进行逐步扩散，这同时也就成为产业经济持续增长的一项重要基础。在他人对知识产权进行使用的过程中，如果其使用目的是为了实现自身的经济利益，那么在没有经过专利持有人的允许之下，他人是不被允许使用该项专利的。但是在知识专利的实行过程中，始终存在着专利披露制度，这也能够为统一领域的其他企业提供更多的信息资源，以便他们完成更多的技术创新。公开一部分知识专利的信息，这是主体申请专利的一个重要前提。这就为该领域的发展提供了更多的有效信息，有利于激发其他创新者的新发现，为未来的发明创造打下坚实的基础，提高发明创造的成功率，从而在全社会范围内提高发明率。对于不同的产业领域来说，在产业不同的发展阶段都需要对创新主体进行集聚。对制造业的创新过程中，知识产权所起到的作用，进行全面的分析和总结；知识产权制度反过来受到制造业创新的积极影响进行探讨，以此来为制造业未来发展的总体目标和战略选择提供有效的信息支撑，不断对知识产权实施的制度环境进行改进，提高全社会的创新发明积极性。

3. 创新主体需要知识产权的管理

创新主体提升竞争力的根本是要提升企业的自主创新能力。而技术创新离不开制度创新、管理创新和市场创新的支撑。只有在制度体制的引导和规范下，科技创新才能把握正确的方向；只有在卓越的管理实践中，科技创新才能获得有效的成果；只有通过不断的市场创新，科技创新的成果才能转化为现实的生产力，推动经济发展和社会进步(陈劲，2008)。创新主体自主创新能力的提升，需要各创新主体有效地协同技术创新、管理创新、市场创新和制度创新的发展，不断提升产业结构层次，提高资源利用效率，推动经济的持续健康快速的发展。

在技术创新的整个过程中，都必须要对知识产权进行严格的管理，这样做的目的是，全面保护技术创新的成果，保障创新者的合法权益，对技术创新成果的扩散进行全面的协调，从而能够成功将技术创新的潜力发展为企业的产权优势，提高自身的市场竞争力，拉动企业技术创新的积极性。由于技术创新过程的复杂性和系统性。推动和保障技术创新的知识产权管理也是一项复杂的系统工程，涉及个体、企业、政府和国家等多个子系统的相互作用，协调促使这些系统之间的耦合是完善知识产权管理系统的重要内容。

知识产权运营就是指企业通过知识产权交易、转让、购买、布局和联盟等一系列竞争行为，使企业通过知识产权的综合优势来提升企业的核心能力。实际上，对于知识产权的管理，并不是单纯地对其进行保护，更重要的是要对其进行合理的经营，制定正确的发展战略。这样做的主要原因是，对知识产权只是单纯地保护，在后期的发展过程中可能就会经常需要进行事后补救，这样会让企业陷入被动的境地，不利于企业长远的发展，并且还会造成知识产权被闲置和浪费的情况。因此，企业在对知识产权进行管理的过程中，必须要将知识产权作为一种战略发展方向，作为企业未来经营的重点，在企业对产业结构进行调整或是在进行市场营销、产品优化的过程中，都必须与知识产权紧密结合，在生产和经营活动中综合运用各种手段来保护和利用知识产权，是促进创新主体结构调整和转型升级的基础。

此外，技术标准是技术创新过程中的重要内容。企业只有掌握先进的科学技术，才能为未来打造技术标准的根基打下基础；在激烈的市场竞争中，才能根据不断变化的市场需求，不断对自身的技术进行创新。具体来说，主要表现在两方面。

第一，在商业动机的不断刺激下，使得技术创新的市场不断向标准化的方向发展，并且随着市场的逐渐成熟，技术标准的垄断化发展方向也日益明显。对于企业制定的技术标准，及时与其他企业的技术标准相比，并不具备最大的优势。只有在经过顾客的认可之后，并且得到了市场的接受，那么该项标准就可以被看作是事实上的技术标准，并且未来的发展中会逐渐垄断技术领域，最终为企业带来丰厚的收益。

第二，将技术标准的制定与知识产权的发展紧密结合起来。对于技术标准的制定来说，必须要在知识产权的基础之上才能完成，也只有这样才能提高企业的自主创新能力，从而使得生产出来的产品能够满足市场的需求。否则，企业所制定出来的技术标准就只能是没有价值和意义的。因此，企业在进行技术创新的过程中，必须要始终坚持正确的产权战略，并将其与技术创新紧密结合起来，这样才能使二者发挥出最大的功效。此外，企业在进行技术创新的过程中，还要注意将技术标准战略和知识产权战略融合，形成协同发展的总体趋势，并最终实现企业专利、技术、标准协同发展的链条。

三者在相互作用下，各自实现更大的发展，并逐渐形成一条良性的循环趋势，全面提高企业的核心技术，并在激烈的市场竞争中始终保持竞争优势。

随着知识资源的产权化发展趋势的不断加强，在企业战略性资源中，知识产权所处的位置愈加关键，无论是在社会发展的任何领域，知识产权都显现出了巨大的发展潜能。从总体上看，知识产权的战略优势主要表现在以下几点。

第一，知识产权具有知识创新属性。这样，企业在市场中就可以将知识产权看作一种竞争资源，并在此基础上进行创新，发展自身的核心技术，生产出具有优势性的产品，以此提高企业的市场占有率，为企业带来更大的发展前景。

第二，知识产权具有产权属性。企业可以通过相应的知识产权制度，来对自身的合法权益进行维护，维护市场竞争的良好秩序，促进技术的发展与传播，为产业和企业的发展提供良好的助力。这样，企业才可以形成竞争优势，在长期的市场竞争中，始终保持企业的良好竞争力。

第三，实现知识产权管理手段的综合利用。从政府方面来说，要不断对知识产权制度进行强化，对知识产权实行全面的保护。这样可以在很大程度上对知识产权的知识属性和产权属性进行强化，全面提高知识产权的地位，在企业的长远发展中成为一种重要的战略性资源。

第四，在对知识产权运用的过程中，一定要符合相关法律的规定，实现对知识产权的有效利用，以此促进知识产权优势更好的发挥。企业在对知识产权运营的过程中，要注意方法的正确性，以此推动企业实现产业的顺利转型，对企业的产业结构进行调整。对于属于劳动密集型的产业来说，必须要注重对自身知识产权的维护，注重品牌价值的养成，维护企业的良好形象；在提高产品质量的前提下，还要注重提高自身的生产效率。而对于那些技术密集型产业和资本密集型产业来说，始终坚持创新意识，全面开发自身的核心技术，是获得竞争优势的关键。只有通过对技术的提升方式，才能实现自身产品的扩张，获得更多的消费者。从这里可以看出，企业想要制定知识产权制度，首先要通过技术创新获得相关的知识产权。而从一定程度上来看，企业获得知识产权的最终目的，就是要在参与市场竞争的过程中，获得知识产权制度的优势。想要将这二者紧密结合起来，企业就必须要制定恰当的知识产权战略。也就是说，企业必须对知识产权制度和知识产权资源进行充分的利用，以此在激烈的市场竞争中，能够通过自身强大的知识产权力量，获得市场竞争优势，以此为企业的长期发展打下坚实的基础。

从上述中我们可以看出，对于企业来说，想要提高自身的创新能力，首先要获得相应的知识产权，这是一种重要的激励手段。在产业集群中，企业如果想要占领统率的地位，就必须要拥有自身的知识产权；并在企业未来的发展中，通过良好的技术手段，对知识产权技术进行正确的管理和运营，从而最终实现企业的转型和产业结构的调整。不论是对于劳动密集型产业、技术密集型产业还是资本密集型产业来说，获得自身的知识产权优势，都是企业赢得市场竞争的关键。因此，任何企业在未来发展的过程中，都必须要注重创造、保护、管理和运营知识产权。利用知识产权制度优势来提高企业竞争力，已然成为创新主体迎接现实挑战的中坚利器。

三、知识产权制度与创新驱动

根据基本的微观经济学理论，"创新知识外溢"、"创新过程的高风险"等市场失灵特征，必然导致全社会创新供给的不足，进而影响经济增长潜力。为了鼓励创新，政府部门必须采取一定的政策措施和制度安排，知识产权制度产生的最初动机和经济学基础正基于此(图 5-1)。对于企业来说，在拥有知识产权制度之后，在一定的时间内就可以对该产业的市场进行垄断，这会为企业带来丰厚的利润，能够迅速收回成本，并获得超额的回报。在这种情况下，企业创新的积极性就会被大大激发，进而在未来的创新活动中，会投入更多的资本、人才和精力。从我国知识产权的发展上来看，关于知识产权的现代意义上的第一部法律，就是以《垄断法》命名的。

起源于英国的专利制度，最初只是由女王伊丽莎白一世授予的一种垄断权利，与发明创造和知识产权并无直接关系，获得授权专利名实不符以及专利权人滥用权利等现象普遍存在。从 17 世纪开始，英国开始改革其专利制度，先是废除此前授权的所有专利，并于 1617 年颁布专利号为 1 的第一件带编号专利。1623 年，英国国会通过并颁布了《垄断法》，并于 1624 年开始正式实施《垄断法》。这也就宣告了，此前政府所指定的一些垄断和特权等，都将失效。在该部法律中，认定只有第一个发明人所制造出来的产品，才授予其在本国范围内独自制造的权利；并且根据特权所属区域的不同，该特权的有效期将长达多年，最多不超过 14 年。并且还规定，在授予发明人制造产品特权的时间内，其他人不得进行使用。具有现代意义的专利制度和知识产权制度的正式建立，就是以英国这部具有专利价值的《垄断法》的制定为标志的。

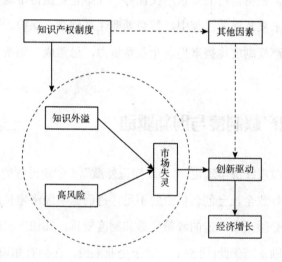

图 5-1　创新驱动、经济增长与知识产权制度产生的基本逻辑

　　知识产权制度框架下，知识产权已经成为一种生产性资产，成为价值创造和经济增长的重要因素。在联合国最新的国民核算体系(SNA-2008)中，研究与开发支出(R&D 支出)从原来的"中间消耗"变为"固定资本形成"的一部分；而专利权实体也由原来的非生产性资产变为生产性资产，直接计入 GDP 核算。国民经济核算体系的上述变化，也算是对知识产权支撑经济增长作用的一种正式确认。

　　知识产权制度促进高级生产要素的创新及发展。高级生产要素是指通过投资和发展创造出来的要素，知识产权就属于创新主体生产要素中的高级要素(王黎萤，2010)。对于那些创新主体来说，其能够在激烈的市场竞争中占领一席之地，所依靠的并不是企业建立的原始资本，而是在长期的发展过程中，始终坚持创新的精神，从而能够实现对各项生产要素不断进行改进和升级，以此能够实现对企业内部各项高级要素和特定要素的有效运用。所谓的资源，从经济学角度来看，指的就是能够有效增长产出创造的各种投入的集合。需要注意的是，企业为实现产出所进行的一系列投入，必须是可以被创造者进行选择的。作为企业来说，其可以在企业内部实现知识产权资源的优化配置，是企业实现经济增长的一种重要表现形式，对现代技术成果与各种投入要素进行有机组合以实现社会福利最大化具有积极的作用。企业在进行技术创新的过程中，不断增加对知识产权资源的投入，表现出企业内部经济资源的总量在不断增加。这些投入在不断运作的过程中，有利于促进实现各项资源和投入要素的有机结合，从而发挥出各项投入的最大价值，为企业带来更大的收益。需要注意的是，创新主体在最终的市场竞争中能够获得胜利，所制定的各项战略措施，以及创造出来的各项创新性的发明，都在其中起到了重要的作用。对生产要素进行创新，这同时也是建立知识产权制度的一个重要目的。

而政府的作用主要体现在运用知识产权制度调节来创造竞争优势，也为知识产权的有序发展提供契机。在我国市场经济的进一步发展中，对于创新主体制度的建立，其中重要的一个目的就是实现我国经济增长方式的转变，由集约型经济增长方式取代以往的粗放型经济增长方式。从创新主体的角度出发，创新主体所进行的集约型的经营方式，就是企业集约型经济增长的重要表现形式。也就是说，创新主体在投入相等的情况下，可以获得比以往更多的产出；或是在投入较少的情况下，可以获得更多的产出。将以往依靠增加劳动力和物质投入以促进经济增长的方式，转变为对技术进行创新，或是对企业实施科学管理的方式来获得经济的增长。创新主体最终实现的集约化经营，表现为可以将产品的开发与研究，以及产品的生产与营销有机结合起来，不断降低产品的成品，提高产品的附加值，以此能够在激烈的市场竞争中取得优势，获得更高的收益。从本质上看，依靠技术的进步和创新，是企业能够实现集约经营的关键。在以往的企业生产经营过程中，要实现经济的增长，就应不断增加劳动力和资本的投入。而在现代化市场经济发展过程中，技术对于经济增长的贡献已经成为首位。应当明确的是，经济增长方式的转变需要经过较长的一段时间，其会受到多种因素的影响，包括技术创新、产品质量和经济效益等因素，其都与知识产权制度的建立存在着密切的关系。政府部门通过知识产权政策和制度的制定、引导和规范，使创新主体在各个发展阶段都能够得到知识产权的支持与保护，以便创造出更高层次的生产要素，为投资创造良好的环境，激励创新，保护创新者的智力劳动成果，增加社会财富。由此可见，政府和市场确定可以通过有效运用知识产权制度来驱动创新发展，刺激需求市场的成长和规模扩大，增强经济增长的内驱力。

第二节　知识产权制度对制造业创新的影响

一、知识产权制度与制造业创新

制造业创新是一个系统的概念，包括全方位多层面的创新。支持企业所处领域产业的发展，是企业获得该领域市场领先地位的一项重要因素。为了实现该目标，制造业可以从以下方面进行努力。

第一，在对下游的创新主体进行信息传递的过程中，可以将供应上作为一项重要渠道，以此来拉动制造业发展的步伐。在保障下游创新主体创新渠道通畅的过程中，要为创新技术的发展和研究提供一个良好的条件。

第二，面对相关产业群的发展，要主动进行提携。产品的互通技术比例与对相关产业的提升效应之间有着密切的关系。在这一过程中，知识产权起到了重要的保障作用，其不仅可以促进创新主体形成战略联盟，以提高创新技术的研发效率，同时还可以全面保护技术创新的相关信息，防止泄密情况的发生。随着不同国家经济发展情况的变化，以及产业的发展状况，创新主体的目标、战略和组织结构也在发生着变化。所谓的创新主体的竞争优势，实际上就是对各种差异性条件所形成的最佳组合方式。在技术创新的整个活动过程中，知识产权制度始终都起着重要的调节作用，包括制定创新主体发展战略、调整企业生产结构，以及创新主体的市场竞争状况等。

实践证明，制造业的创新会受到多方面因素的影响，包括：生产中投入加强的专门性 R&D，在知识产权专利技术的保护下提升企业的市场竞争力，能够及时对有潜力的市场进行有效识别，获得更多的资源，实现组织内部的协同合作，保持企业与学术界以及顾客沟通渠道的顺畅，以至政府为扶植企业的发展所制定的一系列优惠措施等。由于创新在空间上趋于集聚特性，所以产业集群带来的技术外溢效应则成为制造业创新发展的双刃剑。随着单个或某些企业在技术创新上的领先示范，产生的技术溢出效应，使整个区内的集聚企业均会追求并最终达到技术的提升。但是，技术外溢效应导致的"搭便车"现象，也会带来企业间大量的知识产权纠纷和市场的恶性竞争，在某种程度上导致产业的不良发展。一些经济学家在对亚洲的经济发展情况进行研究后发现，类似于软饮料、视频加工和服装业等消费品生产商，大多数都曾受到商标侵权行为的伤害。纺织品大多都质量较低，这对合法企业的信誉产生了严重的损害，导致这些企业在对产品质量进行改进中所付出的努力都不能得到合理的收益，影响了企业的再发展。很多企业遇到了财务危机，严重的甚至已经走向破产。与此类似的是，软件行业也受到了仿制品的严重伤害，使得这些行业在发展过程中，只能将发展重点集中在应用软件领域。该领域不容易被拷贝。这就造成行业软件始终不能形成较大的规模，并且缺乏参与国际市场的竞争力。由此可见，对知识产权制度的漠视，会对制造业创新带来破坏性的影响，甚至会将产业技术进步扼杀于初级阶段。

也有相关实证研究表明，知识产权对不同产业的经济影响很不相同。这是因为，在不同的行业内，知识产权有着不同的重要性。例如，在软件开发行业，最重要的资产就是知识产权。但是对于钢铁行业来说，最为重要的资产则是造价昂贵、制造复杂的各种机器设备，这使得其在市场竞争中能够获得绝大的竞争优势。

但是，知识产权却在其中发挥的作用不大。

由于受到人力资源和技术水平的限制，我国大多数产业仍处于价值链的低端，存在着技术创新能力不强，研发投入不足，创新效率低下等问题。企业间的低成本模仿行为盛行，使得制造业创新仍然面临着来自国际国内的双重知识产权压力。一方面，国际竞争中逐步升级的知识产权壁垒对我国产业发展形成挤压，企业涉及标准、发明专利、软件版权、各类商标、集成电路布图设计专有权等各类知识产权纠纷逐年增加。另一方面，由于产业集群的知识和技术的外溢效应，以及企业薄弱的技术创新能力，使很多企业都依赖技术模仿和价格竞争策略，导致产业内的"搭便车"现象严重，一些区块的技术路径被锁定，主体产业长期低度化。此外，企业自身的知识产权运用能力也有待提升。由此可见，在产业集聚的发展模式下，企业在本国市场的发展中，如果没有相应的知识产权对其生产和发展进行保护，那么就会造成企业创新意识下降，对资源的配置能力不佳，从而最终降低企业的市场竞争力，制约了整个制造业的发展。由此可见，在国家经济发展的过程中，必须要关注对知识产权的创造、利用和管理，这不仅是制造业发展的内在要求，更是世界经济发展的大势所趋。企业在参与市场竞争的过程中，在知识产权方面的竞争也成为竞争的关键要素。只有将知识产权制度嵌入制造业创新的整个过程，才能促进制造业创新的良性发展。因此，提高企业在各自领域内的市场竞争力，是推动知识产权制度不断完善的一个重要目的，这有利于形成企业新的经济增长点，提高企业的市场竞争力，在整个产业内部拉动技术的全面升级，实现以技术创新拉动产业增长的发展势头。

二、识产权保护对制造业创新的实际影响

知识产权制度出现的理论基础，在于以授予垄断权的方式纠正市场失灵，激励私人部门在创新方面投入更多要素资源，进而促进经济增长。照此逻辑和推理，要想提高企业的创新能力，实现企业利益的增长，加强对知识产权的保护是极为

必要的。但是，国内外在对经济发展过程进行深入研究后却发展，预期理论与实际发展之间存在交叉的差距。在对知识产权制度进行强化之后，对经济的发展和技术的创新，并不能够起到绝对性的拉动作用。

为了正确揭示出经济增长与知识产权制度之间的关系，Park 和 Ginarte 对 1960 年到 2016 年的跨国数据进行了全面的研究和分析。研究发现，只有在对 R&D 进行刺激之后，并且增加对物质资本的投入之后，经济增长才会受到知识产权制度的间接影响。也就是说，知识产权保护对于要素积累，特别是 R&D 资本有着显著的正向影响。Shapiro 和 Pham 也对美国制造业的发展进行了长期的研究，最终发现，对于很多大企业来说，其无形资产所发挥的作用，涉及了这些企业所创造的三分之二的价值。并且从人均产出方面来看，与知识产权密集型产业相比较，知识产权密集型产业的增加值要高出 72%。世界知识产权组织和联合国大学以六个亚洲国家(我国、日本、韩国、印度、马来西亚、越南)为样本，测度了知识产权制度对宏观经济的影响。结果表明，加强知识产权制度能够带来显著的经济增长。

不过，也有不少实证研究得出了相反的结果。为了研究技术创新受到政策影响的变化，Lemer 对过去 150 年的时间内，60 个国家的专利整理数据进行了收集和整理。研究表明，在对技术的广泛传播和实际应用过程中，专利保护在其中实际上表现出了很多的负面影响。2013 年，Williams 针对人类基因组测序方面公共人类基因组项目和私人公司 Celera 的数据进行了全面的分析和研究，并在此基础上针对后续创新受到 Celera 公司基因层面知识产权的影响进行了估计。研究的最后结果表明，Celera 公司在建立知识产权之后，在未来产品的开发和投入中，与原来的投入相比较，减少了大约 20%～30%。或者说，Celera 公司的短期知识产权对后续创新产生持续的负面影响。Falvey 等利用 79 个国家的面板数据进行门槛回归分析(threshold regression analysis)，结果表明，知识产权保护对增长的影响取决于经济体的发展阶段；对于高收入和低收入经济体来说，存在显著的正向影响；而对于中等收入经济体来说，则并非如此。对于那些高收入国家来说，通过实行对知识产权的保护制度，可以有效提高该国家的创新收入，同业也有利于增加低收入国家的技术流入。但是对于那些中等收入国家来说，实行知识产权保护制度，会缩小产业内的模仿范围，从而不利于产业和经济的进一步发展。Sattar 和 Mahmood 的研究表明，对知识产权的保护，确实能够对经济的发展产生很多的积极影响；但不可忽视的是，其在拉动经济增长方面所起到的作用，会受到不同国家经济发展程度的影响。例如，知识产权制度对于高收入国家的经济拉动作用是最大的，对中等收入国家和低收入国家经济的拉动作用则要次之。

国内学者就我国的知识产权保护，对创新及经济增长的影响也开展了不少实证分析。大多数实证结果都显示，我国的知识产权保护对技术创新和经济增长发挥了显著的促进作用。吴凯等在我国知识产权保护测算方法修正基础上，测算了1985－2007 年我国的知识产权保护强度，并采用永续盘存法估算技术知识存量。在此基础上，从实证角度考察了我国的知识产权保护对经济增长影响。最终结果表明，我国现有经济发展水平下，加强知识产权保护能够促进我国经济的发展。彭福扬等同样主张知识产权保护水平应该与经济体所处的发展阶段相适应；他们利用 2000－2009 年的省际面板数据进行的实证分析表明，当前知识产权保护已经成为促进我国经济增长方式转变的重要因素。沈国兵基于 1995－2014 年的省级混合数据检验知识产权保护与创新及经济增长之间的关系，同样得出了较为显著正向回归结果。总体来说，加强知识产权保护促进了经济增长，但太强的知识产权保护也不利于企业创新能力的培养，因此对于知识产权的保护要始终保持适度的原则。在实行知识产权保护的过程中，必须要因地制宜，根据不同地区的经济发展情况，采取适度的知识产权保护力度，在最大程度上发挥知识产权制度对经济的拉动作用。

当然，也有部分实证研究得出了略有差异的结果。张源媛、兰宜生在测算东、中、西三大区域知识产权保护 G—P 指数基础上，检验了知识产权保护对区域经济增长效率的影响。结果表明，在东部地区，通过各种技术溢出效应产生了明显的正向影响；而西部地区，加大知识产权保护带来的技术溢出效应则较弱。姚玲 (2013)基于 VAR 和 VEC 模型的实证则发现，我国知识产权保护对经济增长的长期拉动效应较小，而短期的拉动效应更是不太显著。余长林在拓展水平创新内生增长模型基础上，专门针对发展中国家产业技术进步和经济增长受到国家知识产权保护的影响进行了研究。最终结果表明：在发展中国家，经济增长情况与知识产权保护之间，呈现的是一种非线性关系。这种关系会受到发达国家与发展中国家存在的技术差距的决定性的影响。一般来说，二者之间存在的技术差距较大时，那么发展中国家就应该实行较为宽松的知识产权保护制度，这对于经济增长的拉动是最为有效的。如果发展中国家和发达国家之间存在的技术差距较小，为了本国经济的长远发展，则应该实行较为严格的知识产权保护政策。该项研究结果表明，对于正处于经济转型时期的我国来说，必须要针对国内经济的实际发展情况，对知识产权制度的保护要把握恰当的强度，以此在最大程度上实现知识产权保护制度对于经济发展的拉动作用。

三、知识产权制度影响制造业创新的传导机制

知识产权制度对制造业创新的影响需要通过一定的渠道和传导机制。在传导机制中，作为传导中介的 R&D 投入、技术传播及扩散、企业融资能力、FDI 及技术转移等因素如何变化，直接决定着知识产权制度的最终效果。不同实证研究结果存在的差异，在很大程度上可以归因于传导中介在不同条件下做出的不同反应。

(一) 知识产权保护与 R&D 投入

知识产权制度最初都是在某个国家内部实施的，其基本逻辑就是通过授权垄断，使创新企业能够从其创新活动中获得更多的专属性收益(appropriating re—turns)，从而激励创新企业进行更多的 R&D 投入：在 R&D 投入产出效率保持基

本不变情形下,创新企业的创新产出也将与 R&D 投入保持同步增长。从比较静态的视角来看,假定其他条件不变,加强知识产权保护将带来创新企业 R&D 投入的增加,进而提高创新产出,最终促进经济增长(图 5-2)。但是,其余相关条件不变的情况,基本上是不存在的。在企业实际运营过程中,无论是对于 R&D 投入决策,还是对于 R&D 活动的创新产出来说,其中所涉及的任何一个环节都要受到多项因素的影响。在经济发展的不同情况下,实行同样强度的知识产权保护,可能会形成不同的经济发展结果。

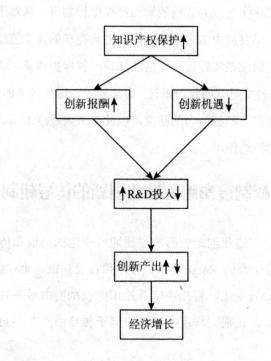

图 5-2　知识产权制度影响制造业创新的传导机制

第一,对知识产权保护强度的加强是一把双刃剑,虽然可以通过创新活动拉动企业的经济增长,但是也会减少行业内的技术创新机会,不利于后续创新活动的开展,对 R&D 投入的产出效率也会产生负面的影响。创新所具备的发展潜力,也就是所谓的"机遇",其对创新活动来说是最为关键的。在对知识产权制度进行设计，以及确定保护力度的过程中必须要保持适度的原则。这是因为，所有创新活动的技术机遇，都会受到其决定性的影响。

第二，R&D 投入决策会受到动态 R&D 投入的创新产出效率的直接影响。如果企业面临的技术创新机遇逐渐减少，并且相应的创新产出效率也存在下降的危险，那么对于企业来说，为了维护自身的利益不受到损害，通常会选择减少对 R&D 的投入。在经过长时间的研究之后，最终证明了，IPR 保护程度与 R&D 投入之间的关系也具有不确定性。

第三，对于知识产权保护的强度过于严格，就会在很大程度上强化创新企业所具有的垄断地位，企业为此获得的巨额利润，会降低企业的创新积极性。历史上的很多事业也证明了这一点。例如，在 1894 年，美国对爱迪生在电灯领域的专利进行了授予，并且授予专利的范围极为广泛，这最终导致了在此后的 11 年内，电灯领域内的技术几乎没有发生大的改变。

（二）知识产权制度与企业融资能力

企业在实行知识产权制度之后，对提升企业的融资能力会产生重要的积极作用。这有利于为企业的创新提供充足的资金支持，为企业的再创新提供可能，对未来宏观经济的增长具有极大的拉动作用。

在现实生活中，创新主体的生产经营在获得知识产权保护之后，这实际上也是一种隐性背书的行为。在获得知识产权保护之后，这也就成为企业的一项无形资产，在未来企业在进行知识产权质押融资的过程中，创新主体利用该项无形资产，在融资过程中就可以减少很多阻碍，为未来创新活动的开展准备充足的资金支持。具体来说，主要表现在两方面。

第一，对于创新主体来说，在每项创新技术被授予知识产权保护之后，该项技术都会成为企业重要的无形资产，蕴含有巨大的价值。近年来，企业借贷的难度不断提升。这是因为商业银行对企业资产评估的手段和风险控制水平逐渐提升，因此企业通过依靠无形资产所进行的质押融资业务也逐渐增多，这对于创新企业来说，就在很大程度上降低了融资的难度，为创新活动的开展筹集到了重组的资金。

第二，从一定程度上来说，知识产权制度是对创新主体进行的创新活动的一种肯定，但这同时也是对创新的一种隐性背书。这种肯定和背书主要是来自政府的权威机构。这对于创新企业来说，就拥有了吸引风险投资的优势。也就是说，企业的创新技术在获得知识产权保护之后，也就说明企业通过自身所拥有的知识产权，在市场中可以获得更高的价值和收益，这在无形之中就提高了企业的融资能力。

第三节　国外知识产权制度建设的借鉴

一、美国知识产权制度的实践

擅用知识产权制度已经成为美国在知识经济时代巩固其领先地位的主要方式。在美国，知识产权的概念包括专利、商标、企业名称、装潢设计、著作权、商业秘密等。美国企业的知识产权战略一定会与公司基本的全球性贸易战略或经营战略紧密结合，目标定位于某些具有商业价值的国际和国内市场。美国政府是推进知识产权制度实施的主导。知识产权制度上升到国家、地区和产业层面，政府就必须担负起指导实施的主导作用，甚至直接出面行使法律赋予政府的权利，运用知识产权和贸易规则保护本国企业的利益，这是市场经济条件下政府职能的要务之一。美国政府在实施国家知识产权战略中的主导作用有目共睹，并且不断建构保护本国利益的法律基础，长期积累运用知识产权取得战略优势的经验和能力，使得美国的知识产权制度具有明显的国际竞争优势，具体特点总结如下。

（一）美国企业重视知识产权战略

美国企业视知识产权为一种经营资源，将知识产权战略置于经营战略的重要地位。企业根据不同情况，采取了灵活多样的策略，既把知识产权作为商业竞争武器，也把知识产权作为"双赢"策略的砝码，使知识产权权益得到了较好的体现。美国企业通常都拟订有详尽的专利申请策略，在保护自己的同时，也给竞争对手设立了种种障碍。在关键技术的核心领域构筑专利防御体系，弥补单纯司法保护的局限性，保持自己的技术优势。此外，普遍重视专利权的运用技巧。知识产权战略在企业生产经营中发挥了极为重要的作用，而这与它们适宜的管理机构及有效的知识产权管理是分不开的。美国企业在知识产权保护工作专业化、市场化的运作中，面向全社会的经营性的律师事务所承担了公司企业和个人的大部分专利保护工作。

(二) 美国企业充分利用专利法，最大限度地限制竞争对手

美国企业对于知识产权的保护通常采用两种策略：①防御性知识产权策略；②进攻性知识产权策略。防御性策略主要在公司内部实行，目的是防止由于公司本身的原因而导致的知识产权的权利损失。防御性策略主要包括以下政策：制定公司机密的保护政策，包括只有相关人员才能接近公司账户、客户信息等重要文件，废弃文件必须销毁，外来参观者禁止拍照、限制员工进出机密场所等。进攻性知识产权策略主要通过基本专利战略，并布置专利网来加固其基本专利的独占地位。美国的专利利用率在20%左右，另外的80%主要用于形成专利网占领市场，限制竞争对手的发展。美国企业的进攻型知识产权战略也得益于政府在法律法规上的支持。政府在政治、经济、外交等手段要求其他国家按照美国的专利保护要求保护其竞争优势和经济往来，以实现维护其技术优势和谋取经济利益的目的。同时，美国为了进攻和控制他国市场，达到既垄断技术又限制外国商品进口的目的，极力倡导保护知识产权。通过制定相关法律，限制对专利权的滥用，如反垄断方面的法律。此外还通过国际条约实施专利战略，如TRIPS协议。美国政府出台政策使专利保护与贸易相联系，以其关税法337条款为依据，让国际贸易委员会受理美国企业起诉的专利侵权案，以阻止外国商品进入本国市场。"综合贸易与

竞争法"中的特别 301 条款，将专利保护作为美国贸易谈判的非关税障碍的重要一环。

（三）美国企业利用知识产权战略获取全球竞争优势

美国企业运用知识产权战略促进企业的技术进步，并逐步获取国际竞争优势。一方面，美国企业通常采用进攻型知识产权战略，通过基本专利和专利网相结合的战略，使得企业在利用基本专利进攻市场的同时，又以专利网的形式进行保护，避免了其他国家企业的专利包围，有利于在市场中获取更强的竞争力，扩大市场占有率。另一方面，美国企业通过知识产权许可获取高额的许可费用，再投入研究开发中，促进技术进步。美国企业在国际市场的知识产权贸易比例的日益提升，使得企业在获取高额的知识产权贸易收入的同时，又可以利用知识产权的专有性来钳制目标市场的技术发展，极大地占领了市场，甚至控制和垄断了市场。美国企业还通过知识产权交叉许可等战略，加强与其他发达国家的专利技术合作，缩短了技术开发的周期和减小开发风险，促进了企业技术的进步。此外，美国企业还将成熟的技术或较为落后的专利技术通过出售、许可、投资等战略方式转移到发展我国家市场，延长专利技术的使用价值，获取利益。

二、日本知识产权制度的实践

日本在产业竞争力下降时采用了"知识产权立国"战略，这一战略的实施给日本经济发展注入了新的活力。日本企业普遍重视知识产权的保护和管理工作，日本企业的知识产权保护意识非常强，企业通常都设置知识产权管理机构，并负责本企业专利、商标的申请、授权后的管理，以及专利技术的应用、实施转让等。

（一）日本企业的领导具有较强的知识产权意识

对知识产权重视是企业实施知识产权战略的关键。知识产权战略作为日本的一项国策，涉及的部门众多。经过这几年的实施，日本社会各界都在积极参与知识产权战略的实施，保护知识产权正在变成日本全社会的行动。日本企业在保护知识产权方面积极出击。如日本三井物产公司设立与纳米技术相关的知识产权管理部门，由 20 名有法律和化学专业知识的人才负责与知识产权有关的业务。另外，日本的律师协会正在讨论建立知识产权价值评估机构，届时不仅企业知识产权受到侵犯时律师辩护要求索赔有据可依，而且企业给个人发明奖励时也能做到心中有数。同时，鼓励成立民营检索机构是一个社会化的重要手段。这说明日本保护知识产权在法律化、制度化和体系化的同时，社会化程度也很高。日本企业的知识产权战略的价值定位强调服务于"特色产品"和"高新技术"。实施知识产权战略的另一个关键因素就是区别于其他企业的特点，使企业建立核心竞争的能力。对于企业来讲，重要的是要分析其在生产工艺、产品和产品质量、销售渠道、品牌等方面的能力，才能选择一个优于其他企业的领域，确定企业发展方向。

(二) 日本企业的知识产权部门参与研发

在许多公司，与公司的研究和开发活动相关的知识产权战略会根据研究和开发的类型是 How-to R&D 还是 What-to R&D 来进行调整。知识产权部门通过专利检索、专利跟踪来参与研究和开发。通过专利检索，可以得到准确的评估。检索和评估必须是客观的，常常要使用专利管理分析与规划系统(PA— TENT MAPS) 适当地进行综述，并且要基于对专利检索结果的理解，自然地阐明计划的研究和开发课题相对于现有专利或专利申请的地位。在许多情况下，上述活动会对专利申请战略和有效利用研究和开发结果的战略提供适当的、有价值的指导。从事制造业的公司通常具有大量的技术含量高的任务，各种各样的问题会对知识产权战略产生影响。从许多计划中选择研究和开发课题要考虑到基本的因素，如公司的技术能力和潜力，有效的研究和开发资源，地方和国家法律的规定以及潜在市场的需求，还要考虑对现有专利评估后的结果。为了有效地利用研究和开发成果，并防止与相关专利的冲突，从专利和其他知识产权的前途出发，评估每个研究和开发的课题。日本企业设置知识产权管理部门的主要工作是不断关注更新专利、再评价已有专利和对开发项目最佳保护模式的选择。

(三) 日本企业重视推进知识产权专业人员的培养和激励

日本企业创新的主要资源是研究和开发活动。认识并理解研究和开发的趋势，对于知识产权战略是非常重要的。近几年，由于经济发展速度加快，不能在本企业内进行所有的研究和开发，而是在企业之间或企业与科研机构之间进行共同的研究和开发、商业联合以及技术许可，这种情况现在变得越来越普遍，已是不可改变的事实。因此，日本企业非常重视合作研发中的知识产权战略管理，通过知识产权制度的运用，有效协调和利益相关的权益。日本企业的知识产权战略关注人才的获得和激励。知识产权战略的推进，依靠研发人员和知识产权专业人员的积极参与，并持续不断地拥有合适的人才。为了达到该目的，许多企业已经建立了奖励体系，对发明或重要开发中做出突出贡献的研究人员给予荣誉奖励、经济补偿等。在这些体系中，根据从该发明中获得的商业利润，发明人个人能得到一定数量的奖金。这些体系的基本精神是激励发明人在发明及研究和开发活动中的创造力，赋予其成就感，使其对事业全身心地投入。同时，某些激励项目还直接面向知识产权部门的全体员工。为了达到该目的，在法律和专利实践以及其他相关领域的周期性和连续性的培训和教育是非常重要的。

第六章 实证分析：创新驱动背景下温州制造业转型升级

随着我国经济发展进入新常态，以及"中国制造2025"的到来，温州市的制造企业面临新的机遇与挑战。一方面，环境与资源约束持续强化，生产要素成本不断攀升，传统的粗放型发展模式难以为继；另一方面，信息技术与制造业逐步深度融合，智能制造与大规模定制使制造业产业生态发生革命性变化。在这样的背景下，创新驱动温州传统制造业转型升级势在必行。本文通过对温州市制造业产业的发展现状、制造业发展面临的困境进行深入研究，并提出促进温州市制造业升级的对策措施。

第一节 温州制造业的发展现状

随着人们对科技与创新重视程度的不断加深，温州制造业的发展也取得了较好的成绩，温州在全市经济总量中的地位正不断提升。

一、温州市制造业发展取得的成绩

本文从温州制造业总量分析、制造业结构分析和制造业创新能力分析等三方面对温州制造业的发展现状进行分析。

(一)温州制造业总量分析

1. 制造业产业规模

从总产值角度，近年来温州市制造业工业总产值实现了稳定的发展，从2010

年的 4 496.56 亿元,到 2016 年制造业产业规模达到了 5 334.82 亿元,制造业工业总产值年平均增长率达到了 18.65%,表现出良好的发展势头,如图 6-1 所示。温州市制造业在 20 世纪 90 年代曾飞速发展,但在 2008 年金融危机之后,温州制造业的海外订单剧减,大部分都转为内向型企业。而国内财政政策近几年紧缩,民营制造业贷款难;曾经迅速膨胀的温州民间融资,2011 年前后又遭遇了崩盘,出现温州制造业普遍缺钱的状况,这应该是 2011 年和 2012 年温州市规模以上企业工业总产值出现短暂下滑的主要原因。

2010-2016年温州市规模以上工业总产值

图 6-1 温州制造业的产业规模

2. 制造业企业绩效

本课题用利润和利税指标来反映温州市制造业的企业绩效。由图 6-2 可见,受全球经济不景气、国内经济增速放缓、人口红利的消失、人力资源成本的上涨等因素影响,温州制造业出现倒闭潮的现象,出现衰落已是不争的事实,利润率越来越低。尤其是 2011 年银根开始收紧,大家口袋里没钱了,需求量下降。厂家就抢单子、拼价格,一轮两轮之后,企业的整个利润就下来了。从总体趋势来看,温州市制造业的利润和利税总额虽有增长,但相对 2010 年,增长率非常缓慢,其中制造业利润总额只有 5.49% 的增长;而制造业利税总额更少,只有 2.40% 的增长。

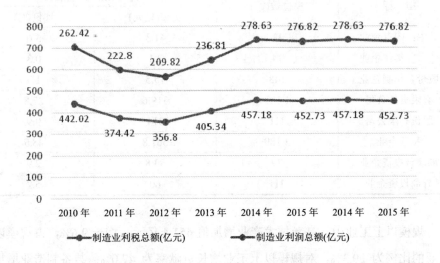

图 6-2 温州制造业的企业绩效

(二) 制造业结构分析

温州市制造业发展有一定规模，在全市经济总量中的地位正不断提升。2016年全市实现工业增加值 1760.5 亿元，比上年增长 7.1%。规模以上工业企业 4 865家，实现工业增加值 1149.8 亿元，增长 7.9%；其中轻、重工业增加值分别为 441.1和 708.7 亿元，分别增长 7.2% 和 8.4%。规模以上工业销售产值 5 006.4 亿元，增长 8.0%；其中出口交货值 722.6 亿元，增长 1.5%。新产品产值 1344.8 亿元，增长 13.8%；新产品产值率为 25.2%，比上年提高了 1.2 个百分点。如表 6-1 所示。

表 6-1 2016 年规模以上工业增加值

指 标	单位数(家)	规模以上工业增加值	
		实绩(亿元)	比例(%)
总 计	4 865	1 149.8	100
其中：轻工业	2 075	441.1	38.4
重工业	2 790	708.7	61.6

续表

指　标	单位数(家)	规模以上工业增加值	
		实绩(亿元)	比例(%)
其中：国有企业	11	41.3	3.6
集体企业	14	3.1	0.3
股份合作制企业	148	15.5	1.3
有限责任公司	1 197	319.6	27.8
股份有限公司	111	114	9.9
私营企业	3 189	561.8	48.9
港澳台投资企业	79	33.8	2.9
外商投资企业	111	60	5.2

规模以上工业中，高新技术产业增加值 451.4 亿元，增长 9.6%，占规模以上工业的比例为 39.3%，对规模以上工业增长贡献率为 47.0%；装备制造业增加值 512 亿元，增长 9.4%，占规模以上工业的比例为 44.5%；战略性新兴产业增加值 104 亿元，增长 10.3%，占规模以上工业的比例为 9.0%。信息经济核心产业制造业增加值 131.9 亿元，增长 13.0%。电气、鞋业、服装、汽摩配、泵阀五大传统支柱产业增加值 567 亿元，增长 7.8%，占全部规模以上工业增加值比例 49.3%。全年工业产值超亿元企业达 1013 家，比上年净增加 50 家。如表 6-2 所示。

表 6-2　2016 年规模以上工业重点产业增加值

指　标	单位数(家)	规模以上工业增加值	
		实绩(亿元)	比例(%)
总计	4 865	1 149.8	100
其中：电气	821	230.1	20
鞋业	708	142.8	12.4
服装	227	85	7.4
汽摩配	314	59.4	5.2
泵阀	234	49.7	4.3
高新技术产业	1 275	451.4	39.3
装备制造业	2 334	512	44.5
战略性新兴产业	—	104	9
信息经济核心产业制造业	516	131.9	11.5

2016 年全年实现利润 272.5 亿元，比上年增长 6.1%。其中，国有及国有控股企业 23.8 亿元，下降 9.4%；股份制企业 51.6 亿元，下降 5.4%；外商及港澳台投资企业 29.7 亿元，下降 11.8%；私营企业 111.4 亿元，增长 9.0%。规模以上工业全员劳动生产率为 15.5 万元/人，按可比价计算增长 8.5%。

（三）制造业创新能力分析

国务院近年印发《中国制造 2025》，明确提出提高国家制造业创新能力，坚持把创新摆在制造业发展全局的核必位置，走创新驱动的发展道路。因此，要想提高以技术突破为主的创新，必须加大对制造业的研究与开发力度。结合以往学者研究经验以及温州的实际状况，选取温州制造业的 R&D 经费投入和人员数量以及 R&D 项目数，对温州制造业产业的创新能力进行分析。

1. 制造业的 R&D 经费投入

制造业 R&D 投入强度反映了制造业 R&D 的投入力度，具体计算公式为制造业 R&D 经费投入占地方 GDP 的比例。由图 6-3 可知，温州制造业 R&D 经费投入总额和 R&D 投入强度都呈现出稳定增加的趋势。并且从图中可以看出，尤其是 2015 年 R&D 经费支持和投入强度增幅明显，相关增幅达到最大。

图 6-3　温州制造业的 R&D 经费投入

2. 制造业的 R&D 人员数量

从制造业的 R&D 人员数量看，2010－2015 年温州市制造业的 R&D 人员数量相对稳定，每年都在稳定增长。受 2008 年金融风暴的影响，2010－2011 年从业人数基本没动，2011 年后年开始稳定增长。具体如图 6-4 所示。

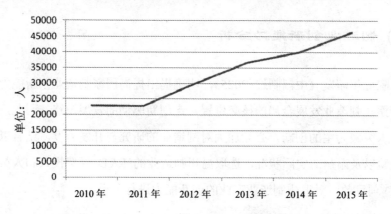

图 6-4　温州制造业的 R&D 人员数量

3. R&D 项目数

由图 6-5 可以看出，温州 R&D 项目数逐年稳定增加，说明温州市对制造业的科技创新和产业结构升级的重视。

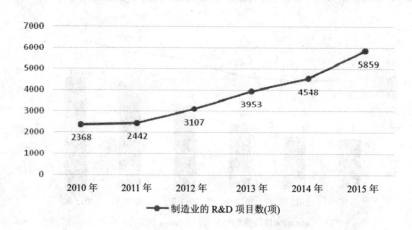

图 6-5　温州制造业的 R&D 项目数

（四）温州制造业发展现状总结

(1) 制造业产业数量在逐年增加，同时新兴产业也逐渐开发与发展。

(2) 传统产业如电气、服装、鞋履、塑料制品等并未改变，仍支撑着温州制造业。

(3) 由于温州的产业特色，温州制造产业包括三个阶段产业，但大部分起主要作用的制造业部门慢慢向后期产业靠拢。

二、温州制造业转型升级的影响因素分析

（一）影响因素分析

影响制造业升级的因素很多，本课题基于温州市制造业发展现状的分析结论，选取企业创新要素投入、企业管理水平、区域发展层次和创新服务环境四个影响因素。

1. 企业创新要素投入

企业进行创新活动离不开资金、设备、高技能人员的薪酬和产品生产等创新要素的投入，这是企业进行技术创新活动的前提条件。其中，设备是指其企业进行技术创新时所需要用到的固定资本投入，如研发设备、生产设备等。资金投入指的是企业产品从设计到最后卖出去各环节需要投入的资金。通常，企业投入的资金越多，人才数量越多，人才转移的知识速度也就越快，这样新产品研发出来的速度也会加快。通常来讲，一个企业研发人员的数量和所投入的研发资金数量在一定程度上决定了这个企业技术创新能力的好坏。

2. 企业管理水平

企业的管理水平高低体现为能否制定并落实正确的经营方针战略。它是企业经营成功的关键，将直接影响企业能否顺利进行转型升级。企业的管理水平一般

表现在经营战略、企业技术创新机制和企业家的创新精神这三个方面。温州的很多制造企业都是家族企业，企业管理水平还未上升到一个水平。但是经营方针战略是企业转型发展的"引导图"，是引领所有员工和部门的行动纲领。制造企业要立足长远，着眼根本，科学谋划并实施经营战略，才能做大做强企业，实现企业转型升级。企业技术创新表现在企业技术创新形成的流程、研发人员配置情况、部门之间配合的默契程度，以及企业对内外部信息的提取和利用能力等方面。尤其是对研发人员的激励机制是否健全，对企业技术创新能力的形成至关重要。创新精神是一个企业家的充分必要条件，它不仅是企业家的必备品质，也是引领一个企业不断提高其核心竞争力的关键。有创新精神的企业家能够洞察市场变化，捕捉发展机遇，并以创新思维推动企业进行技术创新、管理创新和制度创新，使企业适应市场的发展需求并处于时代发展的前沿。

3. 区域发展层次

区域发展层次表现为制造企业所处区域的科研水平、需求水平以及市场竞争程度，它对制造企业的转型升级有着密不可分的关系。据资料显示，上海、北京、江苏等高度发达城市的制造业企业比普通城市的制造业企业更积极地从事技术创新活动。这说明，某区域的技术创新能力与企业转型升级之间呈正相关关系。其次，区域内的需求与企业技术创新之间也呈显著的正相关关系。需求层次较高的的区域会刺激企业更加积极地从事技术创新活动，从而加速企业乃至整个行业的转型升级。最后，在完全竞争的市场条件下，企业由于有限资金的束缚，企业决策者很难将有限的资金投入到长期看不到成果的技术创新活动中，往往选择扩大规模，增加产品的营销活动等，这并不利于企业的转型升级。只有在半垄断半竞争的市场状态下，企业才会有足够的动力去从事创新活动。

4. 创新服务环境

创新服务环境是影响制造业转型升级能力的重要因素。市场上的每个企业都受其他企业或是外在环境的影响，任何企业都不可能凭一己之力就能获得成功，必须要有政府、法律和教育等其他方面的援助。因此，除了影响技术创新能力的内在要素之外，外在的环境因素也需要考虑。如国家的财政和金融政策直接关系到企业资金的获得和分配，关系着企业的生存和发展；某些产业技术政策如对特殊的研发项目给予税收优惠，使产品创新获得比较好的环境，从而促进研发的成功扩展和生产的产业化。政府虽然不直接参与企业的研发活动，但却在政策制定和软环境完善方面为企业技术创新搭桥铺路；还有区域内高校的科研能力和科研机构的产出数量，也直接关系着企业技术创新的产出水平，所以教育环境也是决定制造业转型升级的关键。

根据以上分析，对温州制造企业转型升级影响因素的分析，提出本课题的研究假设，如图6-6所示。

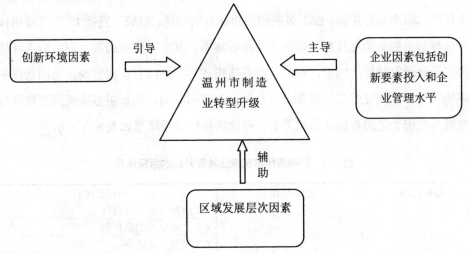

图6-6　温州制造模式转型升级影响因素

（二）模型构建

1. 主要研究方法

本课题采用层次分析法构建影响温州市制造业转型升级的因素模型。该方法最大的特点是可以将复杂的问题分拆成多个因素，并将这些因素再进一步分解，先形成一个多层次的结构；再确定诸多因素的相对重要性(通过两两比较)；从而最终通过判断和评估来确定其权重。

2. 指标的选取

国内外学者对于企业转型升级的影响因素研究，还处于相对薄弱的状态。从目前现有的研究来看，影响企业转型升级的主要因素大致可以归为来自企业的内部和外部。而且大部分学者都认为，企业的自主创新对转型升级起着重大的作用，两者之间存在着极其密切的关系。可以说，企业的转型升级本质就是对企业创新能力进行不断提升的一个过程。因此，根据对制造业转型升级概念的深入理解，在遵循科学性、全面性、可行性和合理性的原则上，并结合众多影响企业创新能力因素研究成果的论述、其他相关理论的文献成果，以及走访企业所调研回来的结果，构建了以创新要素投入、企业管理水平、区域发展层次和创新服务环境为主体的二级准则层指标；由二级准则层指标分层构建，形成了囊括 15 个三级指标层指标的影响制造业转型升级能力的指标体系。其中，企业因素、创新服务环境因素及区域发展层次因素，对温州市制造模式转型升级有正向影响。而创新服务环境因素和区域发展层次因素对企业因素有正向影响，创新服务环境因素和区域发展层次因素之间有相互影响关系，构建的指标体系模型如表 6-3 所示。

表 6-3　影响温州市制造业转型升级的指标体系

目标层(A)	准则层(B)	指标层(C)
影响温州市制造业转型升级的因素	B1 企业因素	C1 研发经费投入强度
		C2 企业技术创新机制
		C3 研发人员储备
		C4 企业发展战略
		C5 企业融资能力
		C6 企业家创新精神
		C7 企业信息化水平
	B2 创新服务环境因素	C8 财政拨款企业研发经费的比例
		C9 知识产权保护力度
		C10 区域内市场交易合同数
		C11 区域内服务制造业课题数
		C12 高校和科研机构论文产出和大专以上人才占比
	B3 区域层级发展水平因素	C13 市场竞争程度
		C14 专利申请量占全国专利申请量的比例
		C15 市场需求层次

其中，企业因素指标选取研发经费投入强度(C1)、企业技术创新机制(C2)、研发人员储备(C3)、企业发展战略(C4)、企业融资能力(C5)、企业家创新精神(C6)、企业信息化水平(C7)等。

创新服务环境指标选取财政拨款企业研发经费的比例(C8)、知识产权保护力度(C9)、区域内市场交易合同数(C10)、区域内服务制造业课题数(C11)、高校和科研机构论文产出和大专以上人才占比(C12)。技术创新服务环境，对技术创新的产出具有重要的影响作用，从而影响制造业的转型升级。

区域发展层次指标选取市场竞争程度(C13)、专利申请量占全国专利申请量的比例(C14)和市场需求层次(C15)。区域内技术创新能力和市场需求的层次对制造业转型升级具有直接影响作用，市场竞争程度通过影响企业技术创新的积极性而间接影响制造业的转型升级。

第二节　温州制造业发展面临的困境

通过对 2016 年温州规模以上工业企业的数据统计可知，温州制造企业取得了较好的发展成果。但是，经济新常态下，资源要素的约束和商务成本的攀升，温州制造业的低成本优势逐渐消失，温州制造业迫切需要转型升级来促使长远的发展。笔者走访并调研了温州市部分制造企业，发现其在转型升级中也是困难重重。

为寻找温州制造企业目前存在的困境，本课题开展了有关企业内外部困难的问卷调研和企业访谈。本次调查共涉及样本制造业企业 82 家。从行业构成看，样本企业涉及制造业 16 个大类行业。归并成重点行业后，装备制造业占 40.1%，高耗能行业占 31.8%，消费品行业占 19.3%、高新技术制造业占 8.8%。从规模构成看，样本企业涵盖大型(10.8%)、中型(40.7%) 和小微型(48.5%) 。从最后的数据情况看，当前温州制造企业存在的困境集中在以下几方面。

一、竞争加剧效益下滑

(一) 同质竞争，产能过剩

调查显示，有 70.9%的企业面临"同质竞争"问题，这是制约产品竞争力的首要因素。按产业看，鞋革业(82.9%)、服装业产业(79.4%)、眼镜业(78.6%)认同率居前。

(二) 成本压力依然较大

在对外部环境短板的判定中，有 52.3%的企业认为"土地、劳动力等要素成本过高"。而将企业作为一个整体考虑时，43.4%的企业认为自身在"成本控制能力"方面还存在短板。

二、人才瓶颈制约创新

(一) 技术支撑仍是短板

调查结果显示，有 58.8%的企业认为自身在"技术创新能力"方面存在短板，居于各因素首位。高新技术制造业、装备制造业这一比例分别为 64.6%和 60.8%，均高于平均水平，表明两群体企业的市场地位更加依赖于技术水平与创新能力。

(二) 管理人才仍较短缺

调查结果显示，有 44.1%的企业将"缺乏管理人才"列为当前生产经营中的主要困难，甚至高过"缺乏资金"的比例(37.4%)，表明在企业转型升级过程中，管理人才作为各种生产要素与市场信息的组织中枢与决策者，已成为企业进一步发展的一大瓶颈。从各分组看，54.3%的中型制造企业表示"缺乏管理人才"，成为最渴求管理人才的制造业部门。

三、传统制造业待提升

(一) 技术创新能力不足

提升制造业竞争力的根本出路在于创新，而制造业企业当前遇到的主要矛盾和问题归根到底是企业技术创新能力不足。研发投入在销售收入中的占比高于2.5%的企业比例，农副食品加工业为34.3%，黑色金属冶炼业为39.3%，有色金属冶炼业为40.5%，食品饮料制造业为43.5%，纺织业为44.0%，服装和制鞋业44.6%，均明显低于制造业整体58.4%的比例，表明大多数传统产业研发投入力度不足，影响企业创新能力。

(二) 经营模式落后

传统的企业制度和管理模式，给互联网时代的传统制造业带来挑战。在问及企业作为整体存在何种短板时，企业家对于市场能力选项("商业模式、市场营销、品牌建设不足")的选择率高达53.8%，对于内部管理能力选项("管理体系建设不足")的选择率也达到30.3%。

(三) 品牌建设仍较落后

温州市制造业本土品牌不少，但层次不高，响亮的品牌不多。总体看，制造业产品品牌发展仍滞后于经济发展，产品质量不高，企业诚信意识仍较淡薄，品牌创造力不足，导致生产低端化和产业低端锁定。调查结果显示，在转型升级路径中，仅有21.1%的企业选择"创建自主品牌"路径，远远低于"产品创新"(67.7%)

和"技术升级"(65.5%) 的重视程度。

（四）企业文化和激励机制有待完善

在回答企业整体存在何种短板时，企业家对于"企业文化与员工激励机制不足"选项的选择率达 21.6%。从不同企业群体看，企业文化与激励机制问题在大型企业中最为突出，该群体对此选项的选择率高达 28.3%。

第三节 创新驱动背景下温州制造业转型升级

近年来，温州市 R&D 相关投入的增加，以及制造业新兴行业的发展趋势，表明温州市制造业不断升级的过程。温州作为后工业时代的城市代表，其制造业转型升级之路对于很多处于工业化时代的城市以及整个我国制造业转型升级，具有一定的借鉴意义。

一、创新驱动背景下温州市制造业产业升级的路径

（一）逐步淘汰或整合传统制造业，大力发展技术密集型制造业

针对产能过剩的传统制造业，地方应根据该行业集聚程度，适当地淘汰整合；一些高污染传统制造业，如冶金、印染等，在最大程度降低污染的基础上，由要素禀赋程度和比较优势决定发展趋势。全面树立绿色发展理念，加快"腾笼换鸟"和淘汰落后产能，推进绿色改造升级，构建具有温州特色的绿色制造体系。在淘汰整合传统制造业的同时，大力发展电子信息、高端装备制造等技术密集型制造业。

（二）鼓励发展制造业新兴行业，加大科技要素投入，以创新引领产业发展

温州制造业附加值较低，仍处于全球价值链低端。根据微笑曲线原理可知，产业链向两端延伸，产业附加值增加。促进制造业产业链延伸的关键是要提高产品的科技含量，由"温州制造"升级为"温州创造"。《温州市工业强市建设"十三五"规划》中，就把培育发展新兴产业摆在显著位置，提到新一代信息技术和物联网产业是重要内容之一。未来几年，温州市将大力发展集成电路与新型元器件，通信传输设备和智能终端，云计算、大数据和工业软件，应用电子和物联网，力争到2020年建成浙江省重要的信息技术产业基地。具体路径有：①企业注重培养人才，加大科技投入，研发高质量创新型产品；②政府引导鼓励发展制造型新兴行业并给予优惠政策。

（三）促进第二、三产业融合，使生产制造业服务化

制造业服务化就是制造企业为了获取竞争优势，将价值链由以制造为中心向以服务为中心转变，即价值链向下游延伸的趋势。以纺织行业为例，其服务化的过程：纺织—服装—服装零售—服装品牌。服务化的过程，不仅有利于调整制造业产业结构，也对三产结构的调整有着关键作用。《温州市工业强市建设"十三五"规划》中，就提到温州市在发展生产性服务业方面，将以虚拟化、网络化、外包化为发展方向，着重发展工业设计、电子商务、现代物流、金融服务、科技服务、咨询服务和专业会展产业，推动生产性服务业向专业化和价值链高端延伸。

二、创新驱动背景下温州市制造业产业升级的对策措施

温州市围绕"十三五"工业发展的重点领域，将着力抓好技术创新、智能制造、品牌建设、企业培育、开放合作、平台建设、绿色制造等关键环节，推进工

业强市建设。深入实施创新驱动战略，以浙南科技城建设为契机，发挥企业创新主体作用，加快提升企业创新能力，高水平建设创新平台和富有活力的创新生态系统。在温州市制造业的产业链条不断拉长、规模优势日益显著的情况下，通过政府、社会和企业的共同努力，实现温州市制造业产业的转型升级。

（一）提高区域发展层次

1. 提高科研产出能力

温州市的制造业历史悠久，长期运营积累了很多管理经验和技术资源，为企业技术创新提供了良好的产业基础。要充分发挥区域优势，以大学、科研机构为主体，以各类科技园区为依托，建立温州企业研发总部、工程研究中心、重点实验室、产学研基地等。鼓励建立与北京、天津、江苏等发达地区的技术合作，促进创新要素和创新资源的流通和共享，加强创新成果交流和创新产业的联动。鼓励和支持企业通过引进技术、购买专利、合作研发、配套协作、技术扩散等方式，提升自主研发能力和自主创新能力，加快温州市制造业转型升级的进程。

另外，要强化企业间的技术交流与合作。相关领域的企业间可签订各种技术合作协议，通过组建协调机构，统一配置研发人员、资金和设备，组织企业间的技术创新活动，如互相转让技术，共同开发双方急需的产品和技术。当前温州市制造业企业中，拥有技术研发部门的企业比例偏低且研究开发能力薄弱，产业创新机构不健全，自主创新能力不足。因此，在制造业转型升级推进过程中，必须全力加强企业技术研发机构的建设，研发过程中可以成立专门的项目组，政府部门做直接引导和监督。在有条件的大型企业内部，建设国家级的技术创新机构，提高企业在行业技术创新中的骨干作用。

2. 提升市场需求层次

市场需求额大小受居民购买力强弱的影响，而居民购买力的强弱则直接取决于居民可支配收入的多少。只有保证居民收入增长，才能保证购买力的增长，进而产生消费需求。自市场经济和改革开放以来，居民收入分配的差距逐渐扩大，导致低收入阶层买不起高附加值产品，而高收入阶层的消费倾向转向更高端的产品，导致需求市场萎缩。因此，首先应该完善收入分配机制，遏制收入分配不公的势头，使绝大多数人能够享受区域经济发展的成果，切实提高居民的消费能力。另外，应该继续实行鼓励消费的政策，引导和鼓励居民购买本地自有产品。最后，应该严格监管股市与各种基金类产品的市场秩序，使这些能够改变居民收入分配结构的经济功能，充分发挥其在收入再分配过程中的杠杆作用，尽可能减少收入分配的差距，使居民拥有持续不断的购买力。

在消费者挑剔的压力之下，企业会自觉追求产品的技术先进性、产品的智能化和服务高质量化，这种挑剔在市场竞争激烈时表现得比较明显。考虑到市场需求对技术创新的正面影响，应该充分发挥市场需求在激发技术创新这一过程中的作用，进一步提升温州制造企业的技术创新能力，促进温州制造业产业转型升级的实现。

（二）提升企业管理水平

1. 建立企业创新发展战略

在知识经济时代和信息时代中，创新是企业获得核心竞争力和长足发展的必要条件。温州市制造业企业应将创新战略放在重要位置贯彻执行，使创新融入日常工作中，而不是当产品市场占有率降低或是企业拥有足够的资金，才有动力或是机会去搞创新。温州市的制造企业应努力营造良好的创新环境，使员工有精力和胆量去革陈出新，才有机会获得科研产出的成果，从而研发出科技含量高的产品，提高产品的占有率，降低生产成本，促进企业的转型升级。

创新战略的实施需要人力和资本的双重保障，两者互相配合、缺一不可。首先，需要挪出专项资金成立专门的产品研发部门，将研发部门与其他行政、销售等部门置于同一位置并且独立管辖，而不是将研发部门依附与市场或销售部门之下。还需要明确部门与部门之间沟通协调的正规流程，避免出现相互推诿的现象，确保每件事务都有单独的责任人和其他部门的对口负责人。其次，部门成立之后，该部门需要配备足够数量和质量的研发人员，研发人员的招募可以采取内外部招聘相结合的方式，这样既能弥补员工适应工作环境和熟悉公司业务慢的弊端，同时还能满足新鲜血液和思想注入的要求。最后，研发部门的任务是为公司推出最优质的适合市场需求的产品，给公司带来的是直接的经济效益，所以公司要重视研发人员的员工薪酬和福利的改善，将科技附加值高的岗位与行政或是人事岗位的薪酬区别定位。

2. 完善技术创新机制

创新机制对制造业的转型升级会产生重要的影响，制造业的转型升级，需要技术创新的支持，这使得体制机制方面的创新变得尤为重要。

建立完善的倒逼机制。在政府调控的宏观政策方面，针对大多数企业的懒惰思想，政府应该解除贸易保护壁垒的保护圈，将企业完全置于市场经济的状态之下，让企业深刻感受到生产要素价格上涨的压力和产品市场竞争的激烈程度。企业只有在倒逼机制下才能体会"创新可能会死，但不创新是在等死"的企业生死存亡的压力。

建立与市场需求相结合的技术创新机制。在企业自身调整方面，针对温州市科研力量不强的状态，可以通过买入、控股或是高素质人才引进的途径，尽可能将科研力量转化为企业的内部资源。这样就能将科研力量与市场需求相结合，不使科研项目脱离市场和产业链的需求，将科技力量转化为生产力。

3. 激发企业家创新精神

企业家创新精神是企业家众多精神的一种，企业家独有的创新精神与企业的发展战略一样，对企业的发展至关重要。随着经济的发展，社会价值观也发生了深刻的变化，企业家创新精神的内容也在不断发展，其所拥有的特征也发生了变化。

企业家的创新精神是社会进步的强大驱动力，是企业转型升级的有力武器。研究显示，富有压力的生存环境有助于激发企业家的创新精神。在当前竞争日益加剧的时代，各级政府应该解除地区间贸易保护的限制，将企业完全暴露于市场经济的环境下，让企业感受到来自市场竞争的生存压力，激发企业家的创新精神。

温州市的制造业企业应该着重培养每位员工的创新精神，尽可能地为员工创造一种追求创新的环境。针对创造性强的员工，应该建立与创新产出相适应的绩效考核制度，让员工享受到创新成果带给个人的经济激励效果。在企业内部实行岗位淘汰制度，从深层激发员工的创造潜能，这样有利于科技成果的产出，进而促进制造业的转型升级。

（三）完善创新服务环境

1. 健全人才引进培养机制

温州市制造业企业在用人上要兼容并包、海纳百川，要加强自身人才队伍建设，形成国际化的人才视野，加快培育、引进国际化人才。既要注重多方面、全方位地吸纳外部的新鲜血液，又要注重对公司内部现有人才的培养；既要招聘熟悉当地情况以便于开展工作的当地人才，又要聘请行业内的国际顶尖人才和技术研发的带头人；既要有具有国际企业管理经验的企业管理人才，又要有熟悉本地公司发展规律的管理人才。温州市可以在股权激励上进行尝试，可以参考国内外的成功经验，对取得重要成果的创新型人才给予如技术入股、分红权等多种形式的股权与期权奖励。鼓励高科技企业建立股份与期权的激励制度，如采用华为等企业的员工持股的形式，将员工的利益与企业的利益捆绑在一起。股份与期权的激励制度具有较强的长期激励与约束作用。温州市可以参考成功经验，加大对人才的税收优惠力度，激励其为温州市经济建设做出更大的贡献。

城市的国际化水平和舒适程度往往决定人才的去留。原则上，舒适化程度越高，人才越适应，生活起来越安心。另外，医疗、教育等配套资源的完善也是不可忽视的重要因素。例如，北京推出了对高层次创新型人才给予医疗照顾待遇等。因此，温州市要积极推进城市的国际化水平，为创新型人才提供舒适的生活和工作环境，同时对人才实施专项服务，确保引进、留住、用好人才。

2．加强知识产权保护

有关研究表明，知识产权的保护在推动制造业转型升级中具有重要作用，是提高企业技术创新能力的关键因素。温州市要继续坚定不移地实施国家现行的知识产权战略，重点加强知识产权的保护，通过营造友好的制度和政策环境，为温州市制造业企业技术创新能力的提升和转型升级保驾护航。对此，提出以下几点建议：

第一，进一步完善与知识产权相关的法律法规，增强法律的规范性和可操作性。温州市可以借鉴制造业高度发达的德国的管理经验，除了拥有《专利法》和《版权法》等一系列与知识产权保护相关的法律之外，还要从政府层面予以协调和保护。我国现存的知识产权的法律法规低于全球的平均水平，因此现阶段完善与之相关的法律法规是温州市目前加强知识产权保护力度的重要支撑点。

第二，加大知识产权的宣传力度。温州市各级政府和科技局应该加强知识产权的推广和宣传，提高全社会广大居民对知识产权的认知，使广大人民对知识产权概念有清晰的认知和理解。知识产权在大众中的普及程度，是营造全社会尊重知识产权的文化氛围的基础，更加有利于科研成果的产出。

第七章 结论与展望

第一节 主要结论

制造业是我国经济发展的重要组成部分，在国家竞争中发挥着极其重要的作用。随着"产业空心化"和虚拟经济膨胀是金融危机根源的呼声日益高涨，许多发达国家开始"再工业化"战略的实施，我国的制造业将面临新一轮的挑战。随着我国经济形势的不断变化，我国制造业的生存环境也发生了很大变化。由于环境成本的增加，我国制造业原来的粗放型增长方式的利润空间一再被压缩，制造业企业的生存面临严峻的挑战。在知识、技术逐渐成为经济发展引擎的时代，我国制造业的发展面临着改革的十字路口。如果企业不能抓住知识经济的机遇，那么我国制造业将面临悲惨的结局。

一、制造业转型是改革开放的必经之路

制造业转型的内涵，可以从三个方面进行分析与理解：

首先，企业打破传统的经营格局，将产品延伸到更广泛的领域，技术含量低、环境负担大、经济效益低的制造项目应逐步退出市场，开发一批具有自主知识产权的高新技术制造产业，提升我国的制造业发展的质量，改善我国制造业产业结构。

其次，制造业增长的方式应逐步改变，粗放的以廉价劳动成本和高额环境成

本换取利润的方式应该逐步被淘汰，加快产业创新的步伐，建设一批"高、精、尖"的制造龙头企业，改变我国制造企业的利润格局。

再次，国家要大力扶持我国新型制造企业的发展，通过税收、金融、财政等政策对这些企业进行帮扶，为他们的经营提供良好的外部条件，为我国高新技术制造企业的发展开辟空间。

制造业的转型是我国生产模式的一次变革，不仅在制造业领域要下大力气解决经济增长方式问题，还要将其扩展到我国国民经济发展的各个领域。这是我国经济转型的基本要求，也是落实"十三五"规划，全面实现小康社会的重要手段。未来人工智能、新能源、互联网是经济发展的高端方向，我国制造企业应该积极响应国家的号召，在低碳、绿色、科技、智能理念的引导下，积极探索未来的高端发展道路。

二、实现制造业转型发展极具紧迫性

金融危机的出现对全球经济的发展造成了很大的影响。随着经济形势的变化，发达国家为了缓和矛盾，逐渐开始重新重视制造业，并提出了"制造业回归"的计划。当然，这里所说的制造业并不是传统意义上的制造业，而是指以高新技术产业为发展核心的现代制造业。他们希望在产品的设计及销售上能够得到更多的发展机会。

制造业作为国民经济的重要部门，在我国经济发展过程中发挥着十分重要的作用。改革开放之后，随着市场经济的建立，我国的制造业飞速发展。在丰富的人力资源和自然资源的促进下，我国成为名副其实的"世界工厂"。但是，从发展的质量上看，我国制造业发展还存在很多问题，制造业的结构不合理、地区分布不均衡、制造企业生产方式落后、产品技术含量低、制造业生产结构不合理、制造业从业人员水平相对较低、国际竞争力不足等。这些问题如果得不到合理的解决，那么我国制造业的发展将受到严重的影响。在国际和国内形势的双重影响之下，我国制造业必须尽快摆脱发展方式落后、技术含量低的低端制造业发展格局，大力培养技术与服务创新人才，通过政策引导促进制造业企业转型升级，提升我国制造业发展的质量。

三、创新驱动我国制造业获得竞争优势的战略抉择

内生经济增长理论认为，技术是保证经济在长期中取得边际报酬递增的关键因素，是经济增长的源泉。以创新驱动代替劳动依赖、资本依赖和资源依赖的发展路径，推动经济社会的发展模式由要素和投资推动向创新驱动转变，已经成为近十年来世界各国发展的基本趋势。当前，英、美、日、德、韩等创新强国不断出台新政策，加大创新投入，基本上保持科技研发投入强度在 2%以上，日本高达 5%，科技进步对国民经济发展的贡献已经达到 7%，这些国家垄断了世界 90%的发明专利申请量。后危机时代，作为实体经济基础产业的制造业得到了发达国家的再度重视，"再工业化"和"制造业回归"浪潮充斥着发达资本主义社会。面对着国内外严峻的经济形势，我国制造业的发展必须重新定位:是做遍布全世界的"中国制造"，还是力争做名扬世界的"中国智造"?答案显而易见。而要实现从"中国制造"向"中国智造"转变的关键点，在于实施创新驱动战略。

四、化解制约创新驱动制造业转型发展的障碍任务紧迫

制约制造业转型的因素主要有现行的科技体制，仍存在科技管理体制和机制不合理、科技成果转化率低、人才激励机制不完善；制造业产业集群效应不高、尚未形成产业集群化发展，主要表现为我国制造业产业集群缺乏稳定性，层次低，服务体系不健全，进而导致产业集中度较低、产业组织高度分散;自主创新体系有待进一步完善，具体症结是研发经费投入不足，自主创新能力不足，产学研整体联动效应不强等方面。生产性服务业发展水平较低，产业配套协作有待加强，科

技研发、信息技术等生产性服务业尚处于起步或者低端阶段。制造业的服务创新和服务型制造的发展较为缓慢，层次还不够深。准确把握我国在扎实推进制造业转型发展过程中遇到的现实问题和当前挑战，深入剖析矛盾的症结所在，区分轻重缓解，理顺主次，对症下药，这是最终实现制造业升级转型的首要前提和当务之急。

第二节　展望：中国制造 2025

历史无数次证明，没有强大的制造业，就没有国家和民族的强盛，而创新是制造业发展的原动力和主引擎。当前，我国产业创新能力不强，关键核心技术受制于人、产业共性技术供给不足、创新成果产业化不畅的问题依然存在，现有的制造业创新体系已难以适应经济社会发展需要，亟需在发挥已有各类创新载体作用的基础上，围绕产业链部署创新链，围绕创新链完善资金链，瞄准制造业发展薄弱环节，打造高水平、有特色的国家制造业创新平台和网络，形成以制造业创新中心为核心节点的制造业创新体系，推动我国制造业向价值链中高端跃升，为制造强国建设提供有力支撑。

一、新的趋势

进入 21 世纪以来，我国制造业发展已经出现了新的趋势，值得注意。

第一，我国的部分制造业已逐渐走出微笑曲线的底端，研发和市场掌控能力都在增强(李廉水，2015)。我国已慢慢走上创新之路，以华为、中兴等为代表的企业已位于世界最具创造性的企业行列。

第二，我国政府坚定不移地支持有前途的未来技术，从人才培养、政策扶持、资金投入等方面，对高科技创新企业进行全方位服务。我国的科研投入比例、专利拥有量、技术自主研发比例都在逐年提升，企业的创新能力大大增强。数据显示，中国制造业的科技投入产出系数已于 2012 年开始触底，这意味着我国有可能在未来几年里出现创新成果的井喷状态。

第三，在支持创新的同时，环境保护问题得到足够的重视，生态文明建设初见成效。2006 年，我国制造业的环境保护能力已经出现历史性的拐点，之后单位能耗和排放都在逐年下降。

第四，本土科技企业正悄无声息地进行全球性扩张，以铁路、电网等基础设施建设为主的产业输出已初具规模。2013 年，我国对外直接投资的规模达到 1078 亿美元，占我国实际利用外资额(1187 亿美元)的 90％以上，涉及采矿、基建、商务租赁、房地产、批发零售等多个领域，我国的资本输出和输入已基本接近平衡。这意味着，我国从原来单纯地引进来，逐步发展为边引边出的状况。

第五，我国的国际化战略为我国制造业走出去创造了良好的环境。一方面，从亚太自贸区到亚投行。我国在亚太地区发挥的作用越来越强，为我国制造业在亚太地区的发展提供了诸多便利；另一方面，"一带一路"倡议的提出和实施，为我国制造业的国际化指明了方向。我国有能力，也有需要与"一带一路"沿线国家进行长期性的经济互动和战略合作，打造命运共同体。因此，改革开放 30 多年，我国已经做好了准备，有条件也有可能实施中国制造 2025 规划。

二、任务与目标

按照《中国制造 2025》战略部署，坚持把创新摆在制造业发展全局的核心位置，围绕制造业创新发展的核心任务，有效发挥市场主导作用和政府引导作用，按照"一案一例一策"方式，统筹推进国家制造业创新中心和省级制造业创新中心建设，汇聚创新资源，建立共享机制，发挥溢出效应，打通技术开发到转移扩散到首次商业化应用的创新链条，进一步完善以企业为主体、市场为导向、产学研相结合的制造业创新体系，形成制造业创新驱动、大中小企业协同发展的新格局，切实提高制造业创新能力，推动我国制造业由大变强。

改革开放 30 多年来，我国制造业的发展一直有一个内含的主线，那就是创新引领。一开始，我国以开放的姿态，给政策，给优惠，给资源，想尽一切办法吸引外商投资。但是有一条，投资必须附带相应的管理经验和技术，附带的管理经验和技术不一定是最先进的，但一定要比现有的创新性高。在招商引资政策的引领下，我国只用了 30 多年的时间，就取得了举世瞩目的成绩，基本建立了门类齐全、独立完整的产业体系，制造业规模达到世界第一。在这个过程中，我国的技术水平不断提高，逐步完成了量的积累，这是实现中国制造 2025 的主要条件。

按照《中国制造 2025》总体部署和要求，围绕重点行业转型升级和新一代信息技术、智能制造、增材制造、新材料、生物医药等领域创新发展的重大共性需求，建设一批制造业创新中心。到 2020 年，形成 15 家左右国家制造业创新中心；到 2025 年，形成 40 家左右国家制造业创新中心。在有条件、综合实力较强的地方，建成一批省级/区域制造业创新中心，作为国家制造业创新中心的支撑和补充。

三、战略构想

整体而言，"中国制造 2025" 是将我国从制造大国向制造强国转变的战略，以改变我国制造业大而不强的现状。21 世纪初，中国制造占世界的比例达到 20％左右，已成为名副其实的世界工厂。但是，这个时代成为世界工厂，并不是制造强国的标志。只能说你的制造业够大，规模第一，而不能说强。是世界工厂，但不是世界制造的中心。我国想要成为未来世界的制造中心，就必须实现从中国制造到中国智造的转变，"Made in China" 不能是廉价的大规模加工制造，而应该是创新、质量和效率的代名词。对我国来说，这一转变也势在必行。世界工厂的地位，是以巨大的人力、资源投入和巨大的环境牺牲为代价的。这种状况不能长期持续，也不可能长期持续，随着人口、资源和环境优势的逐渐消失，世界工厂必然转移。2004 年以来，部分世界性生产活动就有向东南亚转移的迹象，欧美一些国家的对外投资也出现了向东南亚倾斜的趋势。也就是说，我国必须在人口、资源和环境优势还没有完全失去之前，实现从中国制造到中国智造的转变。否则，"世界工厂"的地位不但不保，同时还要面临经济下行、失业、环境污染等多重压力。可以说，中国制造 2025 的出台，正当其时。即使没有德国工业 4.0 的概念，中国制造 2025 也会提上日程。所以，中国制造 2025 规划中明确提出，建设制造强国任务艰巨而紧迫。

中国制造 2025 提出了九大战略任务：提高国家制造业创新能力，推进信息化与工业化深度融合，强化工业基础能力，加强质量品牌建设，全面推行绿色制造，大力推动重点领域突破发展，深入推动制造业结构调整，积极发展服务型制造和生产性服务业，提高制造业国际发展水平。这九大战略任务，按照重要性原则一字排列。首先，强调创新能力的重要性，要实现从要素驱动到创新驱动的根本性转变。只有这样，中国制造才能算是中国智造，中国制造业才有可能实现长足的发展。同时，根据制造业发展趋势，两化深度融合再次被提到重要的战略位置，也就是说，信息化技术要成为工业化深入发展的主要切入点，它决定了未来制造业的基本形态。使用信息化技术，目的是实现智能制造。

参考文献

毕克新. 2017. 制造业绿色创新系统研究与进展[M]. 北京：科学出版社.

崔万田. 2004. 中国装备制造业发展研究[M]. 北京：经济管理出版社.

陈佳贵，黄慧群，王延中，等. 2004. 中国工业现代化问题研究[M]. 北京：中国社会科学出版社.

陈启斐. 2016. 进口服务贸易与我国制造业的创新驱动发展研究. [M]. 北京：经济科学出版社.

曹亚克，和金生. 2007. 企业自主创新能力的模糊综合评价[J]. 天津大学学报，9.

陈爱贞. 2008. 中国装备制造业自主创新的制约与突破——基于全球价值链的竞争视角分析[J]. 南京大学学报，1.

陈春明，吴会玲，吴听运. 2013. 我国大中型工业企业自主创新能力影响因素研究[J]. 经济纵横，04.

陈功玉，钟祖昌，邓晓岚. 2006. 企业技术创新行为非线性系统演化的博弈分析[J]. 南方经济，4.

陈继初. 2010. 企业自主创新动力新模式研究[J]. 求索，5.

陈劲. 1994. 从技术引进到自主创新的学习模式[J]. 科研管理，2.

陈琦. 2010. 高技术企业自主创新战略形成的一个理论框架[J]. 财务与金融，4.

陈向东，胡萍. 2003. 技术创新政策特点和效应的国际比较——以中、美、韩、法等国为例[J]. 中国科技论坛，3.

陈越. 2008. 我国装备制造业自主创新现状、问题及建议[J]. 产业与科技论坛，4.

陈至立. 2005. 加强自主创新促进可持续发展[J]. 中国软科学，9.

程竹生．2004．加快振兴我国装备制造业[J]．中国经贸导刊，12．

陈劲，王黎萤．2008．新世纪专利技术人员创新能力培养[M]．北京：国家行政学院出版社．

戴卫明，佘时飞．2010．集群企业技术创新能力评价分析[J]．商业时代，16．

冯志军．2017．中国制造业技术创新系统的演化及评价研究[M]．北京：经济科学出版社．

冯志军．2017．中国制造业技术创新系统的演化及评价研究．[M]．北京：经济科学出版社．

傅家骥，仝允桓．1998．技术创新学[M]．北京：清华大学出版社，97．

高梁．2006．开放条件下的工业发展和创新[J]．开放导报，2．

何禹霆，唐晓华．2015．产业组织重构与制造业竞争力[J]．商业研究，07．

蒋秀兰．2017．制造业企业生态创新驱动机制与创新绩效研究[M]．北京：中国社会科学出版社．

江小涓．2004．理解科技全球化——资源重组、优势集成和创新能力的提升[J]．管理世界，6．

李丹青．2017．中国制造业技术创新的影响因素研究[M]．北京：中国财政经济出版社．

吕薇．2013．中国制造业创新与升级——路径、机制与政策[M]．北京：中国发展出版社．

卢锐．2013．中国制造企业创新与转型研究[M]．北京：清华大学出版社．

李善同，华而诚．2002．21世纪仞的中国服务业[M]．北京：经济科学出版社，8．

卢现祥．2014．中国自主创新的困难在哪里？——对科斯"中国之问"的探讨[J]．广东社会科学，06

彭中文．2014．中国装备制造业自主创新模式与路径研究[M]．北京：知识产权出版社．

邵慰．2016．创新驱动、转型升级与中国装备制造业发展——经济新常态的视角[M]．北京：中国社会科学出版社．

沈飞．2015．制造业投入服务化创新路径探究[M]．上海：上海交通大学出版社．

盘和林．2015．企业服务创新及其绩效研究：以制造企业为例[M]．广州：华南理工大学出版社．

王海龙．2017．制造业不连续创新：模块化结构驱动机理及应用[M]．北京：科学出版社．

王伟光．2013．经济发展方式转变与先进装备制造产业技术创新[M]．北京：经济管理出版社．

吴敬琏．2008．中国增长模式抉择[M]．上海：上海远东出版社，42．

王黎萤．2010．中小企业知识产权战略与方法[M]．北京：知识产权出版社．

王晓春．2004．知识产权、企业竞争与发展中国家的经济增长[D]．复旦大学．

王黎萤，陈劲，杨幽红．2004．技术标准战略、知识产权战略与技术创新战略的协同发展[J]．中国软科学，12：24-27．

周大鹏．2016．服务化——制造业的创新之路为当前中国制造业指出一条全新的出路[M]．上海：上海社会科学院出版社．

赵立龙．2015．制造企业服务创新战略对竞争优势的影响机制研究[M]．杭州：浙江大学出版社．

赵益维．2018．服务型制造、IT 能力与制造企业服务创新绩效[M]．北京：科学出版社．

赵立龙．2015．制造企业服务创新战略对竞争优势的影响机制研究[M]．杭州：浙江大学出版社．

章玉贵．2012．制造业升级路径研究[M]．上海：上海人民出版社．

朱森第．未来十年我国制造业的发展[N]．第四届中部六省人才论坛，2010-9-6．

张曙，陈超祥．2008．产品创新和快速开发[M]．北京：机械工业出版社，51．

何哲，孙林岩，贺竹磬等．2008.服务型制造与传统供应链体系的差异[J]．软科学．4：77-81．

[美] 保罗·萨缪尔森等著；高鸿业等译. 1996. 经济学[M]. 北京:中国发展出版社，132.

[美] 彼得·德鲁克著；孙耀君译. 1987. 管理——任务、责任、实践[M]. 北京：中国社会科学出版社，112.

[美] 库兹涅茨. 1986. 现代经济增长：事实和思考[M]. 北京：中国社会科学出版社，28.

[美] 费景汉,古斯塔夫·拉尼斯. 1992. 劳动力剩余经济的发展：理论与政策[M]. 北京：经济科学出版社，第29页.

[美] 菲利普. 科特勒,托马斯·海斯,保罗·布鲁姆著；俞利军译. 2003. 专业服务营销[M]. 中信出版社，5.

[美] 佩恩著；郑薇译. 1998. 服务营销. 中信出版社，18.

[意] 佩里切利著；张密编译. 1993. 服务营销学. 对外经济贸易大学出版社，8.

[日] 速水佑次郎著；李周译. 2003. 发展经济学——从贫困到富裕[M]. 北京：社会科学文献出版社，153.

[美] 约瑟夫·熊彼特著；何畏，易家祥译. 1990. 经济发展理论[M]. 北京：商务印书馆，64.